Paul Colberg

Als fahrender Musikant in Californien

Erlebnisse und Abenteuer eines Deutschen

weitsuechtig

Paul Colberg

Als fahrender Musikant in Californien

Erlebnisse und Abenteuer eines Deutschen

ISBN/EAN: 9783943850284

Auflage: 1

Erscheinungsjahr: 2013

Erscheinungsort: Bremen, Deutschland

weitsuechtig

Als fahrender Musikant in Californien

Erlebnisse und Abenteuer
eines Deutschen

nacherzählt
von

PAUL COLBERG

Dresden 1907
Verlag von Erwin Hændcke.

HELLMUTH OBST, DRESDEN-A. 14
Buchdruckerei u. Graph. Kunstanstalt.

Vorwort.

Nachstehendes Büchlein giebt in der Hauptsache das Tagebuch eines Freundes und Fachgenossen wieder. Seine Erfahrungen und großen Enttäuschungen im Lande der unbegrenzten Möglichkeiten scheinen mir lehrreich und interessant genug, um sie einem größeren Kreise zugänglich zu machen und zwar möglichst so, wie er sie inmitten seiner Erlebnisse selbst aufzeichnete, um ihre Frische und Unmittelbarkeit nicht zu zerstören.

Möge das Ganze den Erfolg haben, die große Zahl der aufs Geradewohl nach Amerika pilgernden Deutschen vor planlosem, mittellosen Auswandern zu warnen.

Dresden, im Januar 1907.

Paul Colberg.

Errata:

Seite 36, Zeile 12: nicht den Städten, sondern dem Städtchen.
Seite 47, Zeile 14: nicht ti eraze sondern to eraze.
Seite 58, Zeile 17: nicht Leoi, sondern Levi.
Seite 104, Zeile 4: nicht Manzanillawaldes, sondern Manzanitawaldes.
Seite 159, Zeilen 17—18 nicht Fanango, sondern Fantango.

I.

Die Reise nach Los Angeles.

Im Herbst des Jahres 1888 war es, als ich nach Vollendung meiner musikalischen Studien meine Heimat Dessau verließ, um in der neuen Welt mein Glück zu versuchen.

Mit vollen Segeln in der Riesenstadt New York anlangend, bildete ich mir fest ein, daß Amerika mit all dem was es bot nur auf mich gewartet hatte. — Welch jugendlicher Dünkel! Daß dies ganz anders war, daß ich ganz zwecklos die verschiedenen Städte wie New York, Boston ꝛc. aufgesucht hatte, mußte ich nach einigen Monaten doch einsehen, denn meine Erfahrungen bewiesen mir tagtäglich aufs neue, daß der Osten Amerikas ein von Musikern geradezu überschwemmtes Gebiet sei. Daher hieß es anderwärts das Glück suchen. Man riet mir allgemein an, mich nach dem fernen Westen zu wenden, wo in der Musik die Konkurrenz nicht annähernd so groß wäre. Ins=

besondere wurde mir die herrliche Stadt Los Angeles in Süd-Californien empfohlen, wo gerade zur Zeit ein sogenannter „boom“ herrschte, und wo jeder, gleichviel in welcher Branche, mächtig Geld verdiente. Alles, was ich über die schöne Stadt an Photographien zu sehen bekam und sonstwie darüber hörte, bestimmte mich immer mehr, den wohlgemeinten Rat zu befolgen.

So schnürte ich abermals, mit einigen Empfehlungsbriefen versehen, mein Bündel, um die große Reise nach dem „goldenen Westen“ anzutreten. Anfang 1889, an einem sehr regnerischen, naßkalten Morgen bestieg ich in New York den Steamer „Roanoke“. Die Reise ging zunächst südwärts, der Küste entlang, deren Nähe aber wegen des hohen Seeganges möglichst gemieden wurde. Schon gleich nachdem wir Sandyhook passiert hatten, stellte sich ein fürchterliches Unwetter ein, sodaß unser Dampfer wie eine Nußschale auf den Wellen tanzte, die nur zu oft über das Deck schlugen. Schnee, Hagel und Regen, alles untereinander, gemischt mit dem Gischt des Seewassers, verlangten, daß alle Öffnungen des Schiffes fest verschlossen blieben. Die Passagiere waren nur auf das innere Schiff angewiesen, und in der den Tag ablösenden Nacht wagte niemand ein Auge zuzutun, so heftig waren die Bewegungen des Schiffes, so drohend das Brüllen und Pfeifen des Sturmes. Die Damen lagen alle seekrank in ihren Kabinen und die wenigen noch seetüchtigen Herren, zu denen auch meine Wenigkeit gehörte, trösteten sich, in Decken eingepackt, in der Rauchkabine beim Whisky mit Sodawasser und mit der Erzählung von derben Witzen. Nach mehr oder minder anhaltender Heftigkeit des Sturmes gelangten wir nach drei Tagen, anstatt sonst zwei, zu unserem Bestimmungsort Norfolk in Süd-Virginia, wo allem Anscheine nach bereits ein milderes Klima herrschte.

Hier gab es keine Wintermiseren, keinen Schnee; die saftig grünen Wiesen boten dem schneegewohnten Auge eine angenehme Abwechselung. Dieser Abstecher nach der zum größten Teile von Negern bewohnten Stadt hatte eigentlich den Zweck, einen mir sehr lieben Freund, den ich noch von Dessau her kannte, Mr. Preston mit Namen, unerwartet zu besuchen. Leider stellte es sich aber heraus, daß Mr. Preston gerade zu der Zeit nach New York gefahren war. Infolgedessen setzte ich mich noch am selben Abend auf die Eisenbahn.

Nun ging die hochinteressante, schon vielfach beschriebene Reise nach dem Westen von acht Tagen Zeitdauer erst in Wirklichkeit an, die einmal selbst zu erleben es mir schon lange keine Ruhe gelassen hatte. Die bequemen großen Bahnwagen Amerikas bilden während der Zeit im wahren Sinne des Wortes die Wohnung des Reisenden, da sie Schlafzimmer, Rauchzimmer, Eßzimmer, Salon, ja sogar Badezimmer enthalten. Da ferner in Amerika auf den Bahnen überhaupt nur eine einzige Wagenklasse eingeführt ist, gestaltet sich der Verkehr unter den Passagieren viel ungezwungener als in Europa, besonders bei längeren Reisen. Für die ärmeren Reisenden sind dort spezielle Züge vorgesehen, tourist trains genannt. Während der Fahrt hatten wir selbstverständlich nichts besseres zu tun, als fortwährend zum Fenster hinauszusehen auf die freundliche grüne, zum Teil hügelige Landschaft.

Die Staaten Virginia, Tennessee, Alabama und Missouri zogen vor unseren Blicken im Fluge vorüber, ohne jedoch, daß etwas besonders nennenswertes sich ereignet hätte, bis wir nach zirka zwei Tagen die Stadt Memphis am Riesenstrom, den Mississippi, erreichten. Gleichwie in einen geräumigen, aber besonders dunklen Bahnhof fuhr der Zug auf ein dort landendes Trajektboot von ganz enormen Dimensionen, ohne daß wir ahnten, bereits auf dem Wasser zu sein. Nach längerem ungeduldigen Warten, denn jeder wollte doch bald den Fluß sehen, öffnet sich die Tür unseres dunklen Wagens und herein ruft der farbige Porter mit gellender Stimme: „Ladies and gentlemen, wenn Sie den Mississippi sehen wollen, dann bitte kommen Sie heraus und gehen Sie hinauf auf's Promenadendeck. Wir sind schon 10 Minuten auf dem Boot."

Sofort stürmte alles hinauf. Einen Fluß erwarteten wir zu sehen, aber wie ein Meer erschien die ungeheure Wasserfläche, auf der das kolossale Trajektboot sich soeben mit ich weiß nicht wieviel Bahnzügen belastet in Bewegung setzte. Nach der tagelangen Fahrt im engen Bahnwagen, und zwar meistens bei Regenwetter, bot der freie Ausblick von dem Deck aus dem Auge wie auch dem Gemüt eine willkommene Auffrischung. Während der einstündigen Überfahrt über den längsten der Erdenströme, auf dessen blaue Fluten sich richtige Wellen bildeten, gab es sehr viel interessantes zu sehen. Neben schmucken Salondampfern von respektabler Größe durchkreuzten richtige Seeschiffe den großen Strom nach allen Richtungen. Leider verging bei all dem Umherschauen die Stunde der Überfahrt nur allzuschnell, und mit einer gewissen feierlichen Spannung betraten wir nun das andere Gestade, den Westen von Amerika. In Memphis erblühte, wie bereits erwähnt, ewiges Grün. Wie anders jedoch kam es uns vor, als wir nach 26 Stunden weiterer Fahrt in Cansas City bei 22 Grad Reaumur Kälte anlangten.

Um auf der Durchreise gleich einige befreundete Familien zu besuchen, unterbrach ich hier die Reise für vier Tage. So mietete ich mich denn in einem bescheidenen Hotel ein und hier begegnete ich den ersten wirklichen Indianern, die sich auf der Durchreise nach Washington befanden, um den großen weißen Häuptling zu sprechen. Wer weiß, welche gewiß berechtigten Klagen der ernste Indianerhäuptling mit seinem straffen, schwarzen Haarwuchs dem damaligen Präsidenten Cleveland vorzubringen hatte?

Eigenartig ist in Cansas City die Lage der Stadt, die sich direkt bis an die Kante eines zirka 200 Fuß senkrecht abfallenden Plateau erstreckt, während unterhalb davon am Fuße der Bahnhof sowie der ursprüngliche Teil der Stadt liegt. Mehrere Drahtseilbahnen (cable cars genannt), von denen eine sogar in schwindelnder Höhe durch einen Tunnel führt, erklimmen in sehr steilem Winkel gleichsam wie durch die Luft die obere, eigentliche Stadt, in der außer einem Panorama, die Schlacht bei Gettisburg darstellend, sowie einigen lächerlichen, politischen Denkmälern mit den betreffenden Helden im Cylinderhut und Frackanzug nichts nennenswertes zu sehen war. Doch halt! Da hätte ich eins vergessen zu erwähnen. Das ist der oben vom Plateau aus sichtbare Zusammenlauf des vom Westen kommenden Cansasriver mit dem breiten Missouri unten in der Ebene, wo im Sommer häufig Malariafieber herrschen soll.

Von Freunden zur Bahn geleitet, bestieg ich am vierten Abend den um 10 Uhr abgehenden, gut durchheizten Zug der Santa Fé Eisenbahn, um nun die Reise nach dem eigentlichen fernen Westen zu genießen. (Der Leser wird aber bald sehen, daß dieselbe ohne einige kleine Abenteuer nicht verlief, die aber bei der achttägigen Einsperrung im Pullmanwagen nur eine angenehme Abwechselung bildeten). Während des ganzen Tages fuhren wir mehr oder weniger nahe dem Arkansasriver entlang, der vom linken Wagenfenster aus fast immer zu sehen war. Doch nichts als flache Steppe war es, durch die uns der Dampfzug führte. In die Berge, sagte uns der Porter, würden wir erst des Abends während der Dunkelheit gelangen im Staate Colorado, in welchem wir nur einige Stunden sein sollten.

Bis auf diesen Tag hatte unser Zug die im Fahrplane angegebene Zeit noch genau innegehalten. Diese Pünktlichkeit fand aber ein jähes Ende in der nun folgenden Nacht, als wir ungefähr kurz vor drei Uhr mit einem heftigen Ruck aus dem Schlafe geschreckt wurden. Unter Klirren von herabfallenden Lampenglocken, Kreischen von Frauenstimmen ꝛc. blieb unser Zug plötzlich halten, die Wagen in einer bedenklich schiefen Lage stehen lassend. Alles fuhr aus den Betten, denn irgend etwas Ungewöhnliches mußte passiert sein. Notdürftig angekleidet rannte jetzt jeder nach der äußeren Plattform, um ins Freie zu gelangen. Aber ein Grauen erfaßte uns, daß die Haare zu Berge standen, denn wir befanden uns fast frei in der Luft auf einer schwindelnd hohen, eingeleisigen Holzbrücke, die über einer jähen Schlucht inmitten von ewigem Schnee und Eis einen scharfen Bogen beschreibend sogar aufwärts strebte. Die Wagen standen dem Umfallen nahe in gefährlich schiefer Richtung. Es war eine helle, kalte Nacht, und des Mondes volle Scheibe beleuchtete klar die fürchterliche Situation. Unser Zug war bei der Fahrt über die Brücke in zwei Teile zerrissen. Der vordere Teil mit der Lokomotive war wieder auf festem Boden angelangt, während ich nebst vielen anderen Passagieren in der letzten Hälfte zwischen Himmel und Erde schwebten. An den Enden der Brücke stiegen starre Felsen fast senkrecht empor zu enormer Höhe; unter uns, man schauderte hinzusehen, gähnte ein schier unermeßlicher Abgrund, aus dem durch den tiefen Schnee hindurch die Spitzen von mächtigen Tannenbäumen zu uns hinaufstarrten. Alles in allem ein echt typisches Bild der Rocky Mountains, wo nur Bären, Elche und allerhand Raubzeug hausten.

Doch die alpine Majestät der herrlichen Winterlandschaft vermochte uns nicht über die Gefahr unserer Lage hinwegzutäuschen. Am liebsten hätten wir alle den Wagen verlassen, um über die Brücke zu Fuß das andere Ufer zu erreichen. Doch diese war nur eingeleisig, hatte kein Geländer, und die Querschwellen waren mit Schnee bedeckt und schlüpfrig, und standen so weit von einander, daß man bequem zwischen ihnen hindurch in den entsetzlichen Abgrund fallen konnte, von wo kein Wiederhinaufkommen möglich gewesen wäre.

In völliger Ratlosigkeit konnten wir nur der Dinge harren, die da kommen sollten.

Unter atemloser Spannung näherte sich jetzt die Lokomotive mit dem vorderen Teil des Zuges nochmals langsam auf der Brücke, worauf unsere Wagen wieder angekuppelt wurden. Die Lokomotive zog wiederum vorsichtig an. Da — bums — riß unter ebenso heftigem Ruck das Ganze noch einmal. Ein zweiter in derselben Weise ausgeführter Versuch mißlang gleichfalls, denn Biegung und Steigung waren beide zu erheblich für die Last, und es war durchaus nicht ausgeschlossen, daß der eine oder andere Teil bei einem weiteren Versuche in den Abgrund gestürzt wäre.

Schließlich kam die Lokomotive mit äußerster Vorsicht zum dritten Male — uns schnürte die Erregung dabei die Kehle zu — und schob diesmal in rückwärtiger Richtung das Ganze auf das jenseitige Ufer noch eine kleine Strecke retour. Alles atmete auf, als wir wieder festen Boden unter uns hatten. Doch jetzt waren wir nur halb gerettet und der Zug, der nochmals auf die Festigkeit seiner Kuppelungen genau geprüft wurde, sollte die Todesfahrt abermals und zwar in etwas schnellerem Tempo riskieren. Da brach aber eine förmliche Revolte aus. Die Reisenden erklärten, die Fahrt nicht noch einmal mitmachen, vielmehr die Schlucht hinabsteigen und auf der anderen Seite wieder den Bahnkörper erreichen zu wollen. Dies war noch tollkühner als die Fahrt über die Brücke, und nur mit größter Mühe und Aufbietung aller Geistesgegenwart gelang es dem Zugführer unter Hinweis darauf, daß er die Fahrt schon hundertemale ohne jeden Unfall geleitet hätte, uns alle zum einsteigen zu bewegen, da bei etwas schnellerem Tempo absolut keine Gefahr sei.

Und dieser dritte Versuch gelang!

Zwar wagte während der Fahrt kein Mensch auch nur einen Laut hervorzubringen. Aber ein Jubel durchbrauste die verlassene Gegend, als wir nun drüben endgültig auf festem Boden angelangt waren. Jetzt erreichte der Zug auch wieder seine gewohnte Geschwindigkeit, und wenige Minuten darnach, allerdings mit einer vollen Stunde Verspätung, passierten wir an der Grenze des Staates New Mexiko in der enormen Höhe von 7622 Fuß den sogenannten „State line tunnel", der auf der ganzen großen Reise durch Amerika der einzige Tunnel war, den ich (wenigstens bewußtermaßen) passiert hatte.

Mit dem Tunnel hatten wir außer der Grenze auch zugleich den höchsten Punkt der ganzen Linie erreicht, und nun ging die Fahrt durch das schneebedeckte Felsengebirge allmählich talwärts, in stark südlicher Richtung. Nach und nach hörte der Schnee ganz auf. Als wir am folgenden Nachmittage die Stadt Albuquerque im Staate New Mexiko erreichten, die „nur" 5000 Fuß über dem Meere in einem weit ausgedehnten Tale liegt, umrahmt von hohen, bis 13000 Fuß Erhebung hinaufragenden Schneebergen, befanden wir uns inmitten eines Klimas, in dem zwischen Prairiegras auch Cacteen und Yuccapalmen gediehen. Unter Albuquerque soll man sich freilich nicht eine Stadt von östlichem Aussehen vorstellen, denn dieses war eine echt westamerikanische Miningtown, aus Blockhäusern und Holzbaracken bestehend, mit wenigen tausend Einwohnern, aber vielen Biersaloons.

Hier war eine halbe Stunde Aufenthalt, während wir ausstiegen und unsere steifen Glieder etwas beleben konnten. Zahlreiche Indianer beiderlei Geschlechts kamen unterdessen an den Zug heran, um ihre diversen Kuriositäten zum Verkauf anzubieten, leider aber nur mit geringem Erfolg. Denn die amerikanischen Damen winkten die Eingeborenen zu sich heran, ließen sich alles auspacken und zeigen — ganz wie sie es oft bei uns in Deutschland tun — um aber schließlich garnichts zu kaufen.

Wir mochten wohl nach 4 Uhr nachmitttgs von dort weitergefahren sein und befanden uns kaum mehr als eine Stunde unterwegs in der Prairie, als ein anderweitiges Abenteuer unserer harrte. Welcher Art der technische Fehler an unserer Maschine diesmal war, ist mir jetzt nicht mehr erinnerlich, jedenfalls aber vollzog sich die Fortbewegung mit einem Male stoßweise, was anfangs komisch wirkte, für die Dauer aber unerträglich wurde, bis schließlich der Zug zum Stehen gebracht wurde. Unsere Maschine, bei der allem Anscheine nach nur die eine Pleuelstange Dampfzufuhr hatte, während die andere tot ging, war nun der Gegenstand einer eifrigen Diskussion, der ein lange dauernder Reparaturversuch an Ort und Stelle folgte. Uns Passagieren war das zunächst willkommen, da wir uns nun längere Zeit in der Prairie tummeln konnten. Von Albuquerque aus waren auch zwei Indianer als blinde Passagiere mitgefahren, die auf der hinteren Plattform des letzten Wagens Platz genommen hatten und dort ihre Pfeifen rauchten, sich aber an dem unerwartet uns vergönnten Prairiebummel nicht mitbeteiligten. Bei diesem fiel es mir auf, daß sich das durchschnittliche Gepräge der Reisenden, mit denen man doch da draußen mehr oder weniger in Berührung kam, einen weitverschiedenen Charakter trug, als beim Durchreisen der Oststaaten. Denn jetzt traf man viele echte Westländer, Männer im Sombrero mit Pistolengürtel, bis an die Zähne bewaffnet, die in die Umgebung gar malerisch paßten. Dabei hörte man auch vielfach spanisch sprechen. Und da wir uns augenblicklich in einer Indianerreservation befanden, hätten wir nur zu gern ein von hier aus sichtbares Indianerdorf besucht, was aber angesichts der Gefahr, nicht rechtzeitig zum Zuge zurückzugelangen, unterbleiben mußte. Doch jetzt brach die Dämmerung an, und kurz nach Sonnenuntergang konnten wir oben auf den Eisfeldern des Hochgebirges ein geradezu herrliches Alpenglühen mit ansehen, wie es in der Schweiz nicht schöner sein konnte. Aber unsere Maschine, die von fast allen Reisenden umstanden wurde, war immer noch nicht fertig, und jeder wußte auf seine Art einen anderen Rat. Schließlich, es mochte wohl bereits 8 Uhr geworden sein, sollte der Versuch gemacht werden, die Lokomotive nur mit dem halben Zuge belastet, bis zur nächsten eine halbe Stunde entfernten Station weiterzufahren. Die Lokomotive sollte dann von dort sofort allein zurückkehren und uns mit den anderen drei Wagen abholen. Doch dieser Versuch mißlang gänzlich, denn nach knapp einem Kilometer Entfernung blieb der halbe Zug stehen, um sich nun nicht mehr von der Stelle zu rühren. Jetzt wurde die Situation etwas unbehaglich, denn wir waren direkt in einer Indianerreservation und bis zum Aufgang des Mondes in völliger Dunkelheit.

Auffallend erschien es uns außerdem, daß unsere beiden von Albuquerque aus mitreisenden Indianer seit Anbruch der Dunkelheit verschwunden waren. Unter den obwaltenden Verhältnissen war eine gelinde Besorgnis nicht ganz unberechtigt. Im Falle einer etwaigen Überrumpelung durch Indianer wären wir in einer wenig günstigen Lage gewesen, da unsere Festung, der Zug, in zwei Teile zerrissen war, die fast einen Kilometer auseinanderlagen. Jetzt wurde ein allgemeiner Kriegsrat abgehalten und zunächst alles dunkel gemacht, um nicht die Aufmerksamkeit der Eingeborenen allzusehr auf uns zu lenken. Hin und wieder wurden mit dem vorderen Teil Kundschaften ausgewechselt, die allemal sechs an der Zahl schwer bewaffnet waren. Mit Hilfe einer im Postwagen befindlichen vollständigen Telegrafeneinrichtung wurde, direkt auf die Drähte der Telegrafenstangen übertragen, eine Depesche um Hilfe nach Albuquerque gesandt. Gleichzeitig begab sich eine Abteilung von Zugbeamten auf eine Rekognoszierung in der Richtung nach Albuquerque, um nach einer halben Stunde zurückzukehren, ohne jedoch, daß wir den Zweck davon recht verstanden. Die Eingänge zu den Wagen wurden nun scharf bewacht. Die Männer, zumeist Passagiere, hatten zum Teil vor den Wagen, zum Teil auf der Plattform Aufstellung genommen. Den Frauen wurde dringend angeraten, im Wagen zu verbleiben. Viele von ihnen hatten auch kleine zierliche Pistolen bei sich, und der einzige garnicht Bewaffnete schien ich zu sein.

Alle Sinne angespannt, blickten wir in die Dunkelheit, jedes irgendwie verdächtige Geräusch genau erwägend. Konnte man doch nie sicher wissen, ob es von einem Tiere der Prairie herrührte, oder ein Zeichen der Indianer sei. In der zehnten Stunde ging der Mond auf, der das ganze Bild hell überstrahlte. Zwar konnten wir jetzt sehen, unser getrennter Zug konnte aber von den Wilden ebenfalls gesehen werden.

Da, inmitten lautloser Stille, ertönte in der Prairie ein lauter Schuß. Ohne zu wissen wohin, schoß jetzt jeder Wachthabende seine eigene Flinte ab. Es war ein Geknatter wie bei einem Angriff. Drinnen im Wagen schrieen einige Frauen geängstigt auf und stürzten auf die Eingänge zu. Zu aller Erstaunen stieg jetzt hinter uns, in der Richtung, von der wir herkamen, eine helle Rakete auf, die ebenfalls mit einem Knall zerplatzte. Gleich darauf sahen wir ein riesengroßes leuchtendes Auge um eine kleine Anhöhe herum auf uns lossteuern — — — — — das war unsere Rettungsmaschine, die von Albuquerque kommend, erst den auf die Schienen gelegten Signalschuß ausgelöst hatte und nun unsere beiden Teile zusammenschob und mit uns zur nächsten Station sicher führte. So löste sich denn das vermeintliche Abenteuer in fröhliches Lachen auf, wobei wir aber selbst die Gefoppten waren.

Bald ging unsere Reise wieder stark bergauf, sodaß wir am anderen frühen Morgen uns nochmals in einer Höhe von 7000 Fuß befanden, wo wir die Atlantisch Pacifische Wasserscheide passierten. Wieder einmal befanden wir uns während des ganzen Tages im trotzigsten Hochgebirge, angesichts wunderbarer Werke der Eisenbahnbaukunst, zwischen Schnee und Eis. Erst inmitten des Staates Arizona wurden wir gegen Abend nach Überwindung ungeheurer Terrainschwierigkeiten vom Fort Williams an gewahr, daß die Fahrt jetzt dauernd stark talwärts ging.

In einem Zeitraum von wenigen Stunden vollzog sich nun ein völliger Klimawechsel, denn bei Anbruch des Tages verspürten wir bereits eine ganz andere und weichere Luft. Zum Fenster hinausschauend, wähnte man sich in einer afrikanischen Steppe. Hier fuhren wir inmitten der Prairie zwischen vereinzelt stehenden Dattelpalmen, Fächerpalmen und haushohen Riesenkakteen hindurch. Gummibäume, Sycomoren und andere Gewächse traten hinzu und bildeten mit all den vorerwähnten ein schon tropisches Ganze. Immer mehr und mehr ging die Reise bergab und die Temperatur wurde höher und höher. Befanden wir uns doch bei 35 Grad nördl. Breite in einer Äquatornähe, zu der selbst die südlichsten Punkte Europas nicht hinreichen. Nach und nach jedoch wurde die Vegetation spärlicher, die Berge kahler. Man sah nur noch Kakteen und vereinzelte Yuccapalmen, zwischen denen während der weiteren Talfahrt die Abstände immer größer wurden. Die Temperatur stieg jetzt bedeutend und die vor einigen Stunden noch so abwechselungsreiche Vegetation hörte ganz auf, denn wir erreichten jetzt die über Tausende von Quadratmeilen sich erstreckende californische Wüste.

Gleich dem Nil im sandigen Ägypten dehnte sich durch die öde Wüste träge dahinfließend der Coloradofluß, über den wir bei der einsamen Station The Needles auf einer langen Holzbrücke fuhren. Damit waren wir auch endlich im letzten Staate unserer Reise, im abenteuerumwobenen Californien, angelangt, diese hochinteressante Reise ging ihrem Ende entgegen. Nach Durchfahren einer weiteren, die Wüste abgrenzenden Hochgebirgskette erreichten wir spät abends während einer interessant anzusehenden totalen Mondfinsternis bei S. Bernardino das amerikanische Paradies. — Im Fluge durcheilten wir Orangenhaine, Bananen- und Olivenkulturen; leider bekamen jedoch wir infolge der Dunkelheit nicht viel davon zu sehen. Und nachts zwei Uhr gelangten wir inmitten des Schlafes zur Endstation, die himmlischschöne Stadt Los Angeles, die wir, da wir im Zuge ausschlafen konnten, erst am anderen Morgen um 8 Uhr betraten. —

Mit bewegtem Herzen vollende ich nunmehr dieses Kapitel, indem ich jetzt nach anderthalb Jahrzehnt wieder einmal geistig die überwältigenden Eindrücke durchlebe, die nach meinem Einzuge in die unbeschreiblich schöne Tropenwelt in meinem Inneren wachgerufen wurden. Gewiß haben die Künste, Ruhm und Ehre, Reichtum und Wohlstand und dauernde Gesundheit ihren großen Reiz. Nichts aber, selbst nicht die furchtbaren Erfahrungen und Abenteuer, wie auch das Heer von Enttäuschungen, die ich dort im fernen Westen habe durchkosten müssen, sind je imstande gewesen, mir den Genuß an der schönen Tropenwelt auch nur im entferntesten zu rauben oder zu schmälern, an dessen Erinnerung ich während meines ganzen Lebens zehre.

II.

Los Angeles.

Es mochte ungefähr acht Uhr morgens gewesen sein, als ich nach einem reichlichen letzten Frühstück im Eisenbahnwagen den Santa Fé-Bahnhof verließ und nach Deponierung meines sämtlichen Gepäcks dort die Straße betrat. Hier war eine Anzahl Hotelwagen mit der Aufschrift: Hollenbeck-Hotel, Nadeau-Hotel usw. Deren zumeist farbige Wagenlenker überboten sich förmlich, die Austretenden durch lautes Anbrüllen auf ihr betreffendes Hotel aufmerksam zu machen. Droschken gab es damals in Los Angeles noch nicht. Ein offener Pferdebahnwagen bot jedoch Gelegenheit, die Stadt bequem zu erreichen, denn der Bahnhof lag etwas außerhalb. Um aber den Eindruck der neuen Heimat recht deutlich auf mich einwirken zu lassen, zog ich vor, die kurze Strecke Weges zu Fuß zurückzulegen. Der Himmel strahlte in herrlichstem, nie zuvor gesehenen Blau von heller, duftiger Färbung. Dabei die weiche, geradezu süße Luft der Tropen, die beim Einatmen ohne jedwede Anstrengung selbst bis in die äußersten Lungenspitzen fühlbar dringt. Freilich war dies ein ganz anderes Klima im Vergleich zu dem von New York, wo Schneegestöber und Kälte zu dieser Jahreszeit herrschten. Paradiesisch schön war der Eindruck von allem, was mich umgab. Vor mir lag die auf mehreren Hügeln terrassenförmig aufgebaute Stadt. Im Hintergrunde ragten darüber weit hinaus die herrlichen blauen Berge, die von mir aus gesehen im Nordosten sich majestätisch groß und fast den halben Horizont einnehmend bis zu 13000 Fuß erhoben, und dabei so nahe und klar aussahen, als könnte man sie in einer Gehstunde erreichen. Der Pferdebahnlinie die ganze Secondstreet entlang schlendernd, erreichte ich bald die Vorstadt. Offenbar schien diese Gegend aber dem älteren und auch ärmeren Teile von Los Angeles anzugehören. Vor Staunen festgewurzelt, mußte ich jedoch an einer der nächsten Querstraßen, der San Pedrostreet, Halt machen, wo mich der Anblick einer Reihe mächtiger, alter Fächerpalmen, welche die Häuser weit überragten, gebannt hielt. Die ersten großen Palmen, die ich in meinem Leben gesehen hatte! Viele kleine Vögel hatten nahe am Stamme in den Nischen der langen Blattstiele ihre Nester eingebaut. Die älteren, bereits vergilbten Blätter hingen am Stamme herab und bildeten so eine Art Mantel, über welchem die frischen und grünen Blätter sich kühn in den leuchtend blauen Äther emporreckten. Ein herrlicher Anblick! Nach kurzem Aufenthalt wieder in die vorige Straße einbiegend, erreichte ich bei der Mainstreet und besonders bei der Springstreet inmitten großstädtischen Getriebes das geschäftliche Zentrum der damals etwa 60000 Einwohner zählenden Stadt. Hier angesichts des stattlichen Bryson-Bonebreak-Blocks, des Hollenbeck-Hotels und der Nationalbank of California endigte die Pferdebahnlinie. Eine unabsehbare Reihe plumper und zumeist schiefstehender Telegrafenstangen stand auf der einen Seite der meilenlangen schnurgeraden Straße, die in ihrem lebhaften Getriebe an den Osten Amerikas erinnerte. Unter den in geschäftlicher Hast Vorbeistürmenden gewahrte man neben Herren im Zylinder ebensoviele auch im weit bequemeren Sombrero. Und von Vertretern anderer Rassen, insbesondere Chinesen, sah man hier viel zahlreichere, als dies in New York der Fall ist. Wirkliche Indianer, die mit Pfeil und Bogen die Stadt durchziehen, gehörten auch nicht zu den Seltenheiten. Über all dem hoch oben sah man im Osten und Norden die Bergriesen des Hochgebirges, die direkt hinter den letzten Häusern sich aufzutürmen schienen. Das leuchtende Zinkdach vom Observatorium des Wilsons Peak, obgleich 7—8000 Fuß hoch gelegen, erschien so greifbar nahe, als könnte man bequem da in einem Nachmittage hinauf und wieder herunter spazieren. Von der nächsten Straßenecke, dem Broadway, damals noch Fortstreet genannt, stieg die Secondstreet sehr steil bergan. Bei der an sich schon herrschenden Wärme wurde mir aber jetzt der schwere Kaisermantel, den mir meine gute Mutter am Tage meiner Abreise in Dessau fürsorglich noch gekauft hatte, recht schwer. Ich glaube auch, es war das letzte Mal, daß ich dieses Kleidungsstückes bedurfte.

In nur wenig Minuten des Bergansteigens war ein großer Teil der Stadt und des im warmen Sonnenglanz sich badenden Tales zu überschauen. Eine Cable road (Drahtseilbahn) führte vom Hollenbeck-Hotel an in flottem Tempo hinauf. Je höher man gelangte, desto weiter wurde die Fernsicht, desto schöner aber auch die Gärten mit ihren Fächer- und Dattelpalmen, Bananen und Cacteen, zwischen denen im luftigen Villenstil die reizenden Privathäuser aus Holz standen. Orangenbäume mit ihren goldenen Früchten waren dort oben in Massen zu sehen. Der wunderbare Duft ihrer weißen Blüten, wie auch der von tausenden von Lilien und Magnolienbäumen, erfüllte berauschend stark die ganze Atmosphäre. Große schattige Pfefferbäume mit ihren rötlichen Stämmen und roten Beeren zierten in Reihen die dort oben gelegenen Straßen, durch welche nach vielem Kreuz und Quer im traumverlorenen Schlendrian ich an eine Stelle der Thirdstreet gelangte, von der aus im Westen, in 16 englischen Meilen Entfernung, ein kleiner blauer Streifen des Stillen Ozeans deutlich erkennbar war. Eine der schönsten Erinnerungen in meinem ereignisvollen Leben war dieser Spaziergang. Im süßen Taumel paradiesischer Genüsse war es aber mein prosaischer Magen, der mich daran erinnerte, daß es schon längst Mittag war. Und in einem der Holzhäuser, an dem die Aufschrift: Rooms to let angebracht war, mietete ich mich ein und nahm in der Beletage die zwei schönen Vorderzimmer mit Veranda. Es war gerade zur Zeit, als bei der dort wohnenden netten Familie der Lunch aufgetragen wurde, sodaß ich mich gleich daran beteiligen konnte. Eine Woche war ja zudem verstrichen, seitdem ich in einem Hause zuletzt gewesen war, und wurde ich als der von der großen Reise soeben Angelangte von meinen Wirtsleuten nebst deren beiden halbwüchsigen Kindern mächtig angestaunt. Mittlerweile langte auch von der Bahn mein Gepäck an, wonach ich bei der Ankunft geschickt hatte. Der nun folgende Nachmittag wurde einem weiteren Orientierungsspaziergange gewidmet, wobei sich zum Begleiter mein frischgebackener Landlord, ein Mann nahe der vierziger Jahre, anbot.

Und hier scheint es angebracht, über die Bauart der Stadt noch einige Worte zu sagen. Es muß nochmals betont werden, daß diese Darstellungen nicht die Jetztzeit, sondern die Jahre 1889 — 1892 betreffen, denn nach mir kürzlich zugegangenen Nachrichten von dort soll sich die Einwohnerzahl inzwischen vervierfacht haben. Die räumliche Ausdehnung des damaligen Los Angeles war eine verhältnismäßig ungeheure, denn sie bedeckte ungefähr einen Flächenraum wie die Stadt Berlin. Es gab Straßen, wie die Springstreet und Mainstreet, die in gerader Richtung sich mehr als eine deutsche Meile hinzogen. Freilich stand da nicht Haus neben Haus, sondern es gab zuweilen größere Strecken innerhalb der Stadt, wo auf noch unbebautem Wiesenland sich Pferde tummelten. Los Angeles, insbesondere der neuere und größere Teil, war nach amerikanischem Muster in rechtwinklig sich kreuzenden Straßen angelegt. Die vom Geschäftszentrum an in gleichen Abständen von Nord nach Süd laufenden Straßen waren nach Nummern benannt. Und zwar folgten von der ersten Straße an (Firststreet) in westlicher Richtung die zweite, dritte rc. bis in die dreißig Straßen, welche alle von der Springstreet, Mainstreet und noch anderen durchschnitten werden. Im Südosten durch den kleinen Fluß, den Los Angeles river von der Stadt fast abgetrennt, lag ferner auf einem isolierten Hügel der Stadtteil Boyle Hights, wohin gleichfalls eine Cablebahn führte. Der Leser mag diesen örtlichen Darlegungen zufolge gern glauben, daß ein gesunder Fußgänger nicht imstande sein wird, die Stadt in weniger als zwei Stunden zu durchlaufen.

Der Hauptreiz in Los Angeles, weshalb auch so viele Ostländler während des Winters dorthin gehen, liegt neben dem unvergleichlichen Klima in der Üppigkeit der Vegetation und in der Schönheit der Umgebung. Alle Einwohner, die einige Mittel besitzen, tragen dazu bei, ihre Stadt zu verschönern. Monumente von architektonischer Pracht oder dergleichen gab es zwar so gut wie gar nicht, dafür aber schöne Parks und Gartenanlagen. Letzteres gilt hauptsächlich für das weitgedehnte westliche Tal, die Umgebung der Figueroastreet, wo die reichen Leute wohnen und wo wir soeben auf unserer Fußtour angelangt waren.

„Dies hier“, sagte Mr. Steavens, „ist der Stolz unserer schönen Stadt. Etwas Schöneres werden Sie in der ganzen Welt nicht finden.“ Er hatte recht; denn einen zauberartigen Eindruck boten diese Gärten, die nicht, wie in London, etwa mit einer unübersehbaren dichten Mauer umgeben sind, womöglich noch mit Glasscherben obendrauf. Denn ohne jede, den freien Blick störende Umzäunung wurden diese an der Straßenfront von einem etwa meterbreiten, in

Stein eingebetteten Wasserkanal umflossen. Eine Reihe üppiger Lilien bilden dann am Wasser entlang den Abschluß des Grundstückes, während im Hintergrunde hohe, in allen Farben schillernde Eucalyptusbäume die Grenze kennzeichnen. Als Abgrenzung von den seitlichen Nachbargärten dienen unauffällige, niedrige Eisengeländer, so daß die Gärten selbst mit all ihren Palmen und Orangenbäumen, im Verein mit den Pfefferbäumen auf der Straße, das Bild eines einzigen, endlosen Gartens abgeben. Hier und da gewahrt das Auge die geraden Linien eines Tennisplatzes. Fast blendend weiß und malerisch schön verteilt liegen in dem ganzen die reizenden Villen aus Holz. Eine idealere Art von Gartenanlagen kann es nicht geben.

Es möge der Leser jedoch an dieser Stelle nochmals daran erinnert sein, daß dies alles mitten im Winter war. Kälte gab es in diesem herrlichen Lande eigentlich garnicht und somit auch keine Öfen. Es fiel mir auf, daß unter den die Gärten belebenden Vögeln ein amselartiger schwarzer Vogel der zumeist vertretene gefiederte Einwohner war, daß es aber merkwürdigerweise keine Sperlinge gab wie in anderen Ländern. Daß diese Beobachtung richtig war, bestätigte mir auch mein Begleiter, der großes Interesse für die Vogelwelt besaß und mir bald hier auf einem Zitronenbaum einen wilden Kanarienvogel, bald dort einen winzig kleinen Kolibri, vor einem Blumenkelche gleich einer Biene schwirrend, zeigte. Es schien dem freundlichen Herrn ein wirkliches Vergnügen zu sein, den Eindruck zu beobachten, den mein erster Tropenspaziergang auf mich machte. Im Laufe des Gespräches wieder auf die schwarzen Vögel zurückkommend, wollte ich deren Namen von ihm erfahren. „Blackbirds“ (Schwarzvögel) war seine Antwort, die er mir schmunzelnd gab.

Auf dem interessanten Wege waren mir noch die an jeder zweiten Straßenkreuzung aufgestellten hohen Masten aufgefallen, welche manchmal aus zwei oder drei einzelnen Teilen zusammengesetzt, oft bis hundert Fuß hoch hinaufragten. Von vier Richtungen wurden diese Masten durch starke Eisenstangen aufrechtgehalten. Hoch oben an der Spitze befand sich dann eine Krone von mehreren kräftigen Bogenlampen, die, mit einem Blendschirm überdacht, das elektrische Licht weithin erstrahlen ließen. Straßenlaternen in der gebräuchlichen Form gab es in Los Angeles überhaupt nicht. Statt deren dienten diese Masten zur Beleuchtung. Nicht immer zwar; denn während heller Mondnächte — und in den Tropen ist es dann fast tageshell — brennen diese Lampen nicht.

Unter dem Eindrucke des vielen neuen war die Zeit unmerklich verstrichen, sodaß wir unsere Schritte erst heimwärts lenkten, als die Sonne schon tief stand. Diesmal allerdings benutzten wir die elegante Cablebahn, in der man, da alles offen ist, wie im Freien sitzt. Ein Whisky mit Soda in einem Springstreet beersaloon bildete den Abschluß dieses interessanten Spazierganges. Nur berührte es mich etwas sonderbar, als wir nachhausezu den Berg zur Thirdstreet erkletterten, Mr. Steavens plötzlich anhaltend mir empfahl, ich möchte doch zu seiner Frau nichts von dem Whisky erwähnen, denn sie sei Prohibitionistin. O! Welche Prüdereien herrschen doch in dem so schönen und sonst so vorurteilsfreien Amerika!

Noch spät abends ging ein langer Brief, der den äußeren Eindruck von Los Angeles, sowie einige Momente der hochinteressanten Reise dorthin beschrieb, an meine Eltern nach Deutschland ab.

Während der nächsten Tage galt es nun, Erkundigungen über die dortigen musikalischen Verhältnisse einzuziehen, und die von meinem Freunde Ludovici mir mitgegebenen Empfehlungsbriefe abzugeben. Es bestätigte sich aber hier wiederum die alte Erfahrung, daß dieselben zumeist von keinem bedeutenden Nutzen sind. Einer der wichtigsten dieser Briefe war derjenige an den alten Bankier Clausson, der mich in seiner Bank mit einer gewissen väterlichen Freundlichkeit empfing und mir gleich in Aussicht stellte, einen kleinen Gesellschaftsabend zu veranstalten, bei dem er mich in der Society einführen wollte. Es war entschieden gut gemeint, leider aber nur böses dadurch heraufbeschworen.

Inzwischen orientierte ich mich des weiteren in meiner neuen Heimat und mietete mir auch ein gutes Klavier. Meine New Yorker Freunde hatten Recht. Gute, rechte Musiker gab es in Los Angeles so gut wie gar keine. Aber eine große Menge Charlatane, die nichts konnten, die dank einer absoluten Verständnislosigkeit von 99 Prozent der Bevölkerung durch jämmerliche Leistungen und Unterricht hauptsächlich ein famoses Einkommen hatten. Waren diese nun Gesangslehrer, so hatten sie sämtlich Namen, die auf „ini" endigten, selbst wenn sie Jimmy Tones in Wirklichkeit hießen, gute Amerikaner waren und als solche kein Wort italienisch verstanden. Natürlich nannten sich alle Professoren. Der von dem ganzen

Heer von Musikunterrichtenden beste aber war ein gewisser Herr Stamm. Derselbe war ehedem Klarinettist bei einer Militärkapelle in Hannover gewesen. Er spielte technisch gut Klavier und hatte sich durch Klavier- und Violinunterricht &c. bereits ein Haus erworben, kümmerte sich aber klugerweise absolut nicht um die hochwohllöbliche Kollegialität, in deren Augen er, aus Brotneid, nur ein elender Stümper war.

Als eine anderweitige, wirklich musikalische Quelle existierte an der Ecke der Main- und Requenastreet noch ein unterirdisches Lokal, Vienna Buffet genannt; denn hier spielten allabendlich zum Biere fünf Ungarn, die sämtlich gute Musiker waren und auch ein hohes Honorar bezogen. Aber ein Orchester, — sancta simplicitas — daran war damals nicht zu denken; ein solches hörte man allerhöchstens einmal in einem der beiden Theater, wenn eine reisende Truppe vom Osten kam. Von einer Stadt, die reich ist und 60000 Einwohner zählt, klingt das sonderbar. Allerdings gehörten zu den letzteren 8—9000 Chinesen, 6000 Neger und zirka 18000 unmusikalische Mexikaner. Die Vertreter der deutschen Bevölkerung, ebenfalls 8000 Seelen stark, standen aber leider im Durchschnitt auf zu geringer Bildungsstufe und lebten lediglich ihrem Geschäft und Schacher. Hatte der eine oder andere wirklich etwas Sinn für gute Musik, so gab er dafür doch keinen roten Cent aus. Das Gros der Deutschen im Auslande — das sei hier mit Nachdruck gesagt, — ist ganz anders, als wie das heimische. Es ist wenig geeignet, den Ausländern einen richtigen Begriff von Deutschland und dem Deutschtum beizubringen.

Obgleich damals in der Welt noch recht unerfahren, hatte ich doch gleich zu anfang dort das richtige Gefühl, mich von Deutschen möglichst fernzuhalten. Auffällig, d. h. im ungünstigen Sinne, ist auch das Deutsch, das man in Californien unter den Deutschen spricht, das nur einem Gemengsel von schlechtem Englisch, schlechtem Deutsch und schlechtem Spanisch besteht und durchweg ordinär klingt. So z. B. heißt dort der Begriff „gern haben" — „gleichen". „Ich habe diese Zigarre gern" würde heißen „ich gleiche diese Zigarre". Leider aber ist die dortige Kolonie daran so gewöhnt, daß es keinem auffällt, wenn er derartige Stilblüten sogar im Druck sieht, wozu bedauerlicherweise eine in der Commercialstreet erscheinende deutsche Zeitung des öfteren Gelegenheit gab.

Als ein Beispiel californisch-deutschen Dialektes mag ein selbsterlebter Fall dienen. Als ich einen Deutschen in seinem Hause aufsuchte, war er gerade beschäftigt, einen Fußboden frisch anzustreichen. Bei meinem Eintreten um die frischgestrichene Fläche besorgt, rief er: „Bitte, steppen Sie nicht auf meinen gepainteten Floor!" Wer Deutsch und Englisch versteht, wird über den Satz lachen müssen, der bei Kenntnis nur einer dieser beiden Sprachen unverständlich sein würde. Meine heimischen Landsleute mögen mich nicht als ungerecht betrachten, wenn ich dermaßen über die auswärtigen Deutschen den Stab breche. Ich will sie nur daran erinnern, daß es früher bei uns lange Sitte war, alles Lumpengesindel nach Amerika zu schicken. Mit der Zeit wurde aber der Osten der neuen Welt für diese Gesellschaft zu zivilisiert und so kamen sie alle nach und nach hinüber nach dem Westen.

Californien mit seinen Goldfeldern hatte diese Abenteurer natürlich angezogen. Dort herrschte noch lange Mord und Totschlag und ihre Geldgier fand dort auf der Suche nach dem edlen Metall und in der Spekulation mit real-estate (Grundbesitz) Befriedigung. Viele von denen, falls sie nicht totgeschlagen sind, haben große Reichtümer eingeheimst, haben auch geheiratet, usw. Glaubt ihr aber, die ihr meine Zeilen leset, daß diese alten Sünder auch nur um ein Jota besser geworden sind, oder daß deren Kinder Engel geworden seien? Nein, durchaus nicht! Denn die Alten sagen: „Wir sind ohne Bildung reich geworden, unsere Kinder haben's nun desto weniger nötig". Genau so denkt auch anerzogenermaßen der jüngere Nachwuchs. So abstoßend dieser Bericht klingt, betrifft er nicht alle dortigen Deutschen, denn ein sehr, sehr geringer Prozentsatz anständiger und gebildeter existiert auch in Los Angeles. Diese Klasse aber lebt mit Recht äußerst zurückgezogen gegen das Gros seiner Landsmannschaft. Sie gehört auch nicht dem famosen Turnverein an.

Was nun die Amerikaner betrifft, so ist die Reihe der Gebildeten unter ihnen auch ziemlich dünn gesät. Trotzdem läßt sich aber mit dem Amerikaner geschäftlich viel angenehmer verkehren, als mit dem Deutschen. Denn wenn er eventuell auch weniger von Musik versteht, gibt er doch gern Geld dafür aus. Der häufige Mangel an Bildung beim Amerikaner, wie auch bei vielen Engländern, ist indessen gesellschaftlich nicht so störend, da ihnen bessere Manieren und ein gewisses Taktgefühl zumeist angeboren sind, welche leider der Deutsche nicht annähernd besitzt. Der altertümliche

Spruch: „Kleider machen Leute!“ wird in den englisch sprechenden Ländern viel ernster genommen, als bei uns, wo die Frage: „Wie ziehe ich mich dort oder dort an?“ viel zu oberflächlich behandelt wird.

Diese Erfahrung mußte ich leider an mir selbst erleben, denn jetzt erhielt ich von Mr. Clausson die angekündigte Einladung für einen bestimmten Abend in sein schönes Heim in der Figueroastreet. Ich hatte mich natürlich auf eine auserlesen feine Gesellschaft gefaßt gemacht und zog nach deutscher Art meinen schwarzen Gesellschaftsanzug mit weißer Weste an. Wie erstaunt war ich aber, als ich den Parlor betrat und eine große Gesellschaft in Balltoilette vorfand; Damen mit ausgeschnittenen Kleidern und Schleppe und die Herren sämtlich im elegantesten Frack und weißer Binde. Selbstverständlich fühlte ich mich ein wenig gedrückt unter den Verhältnissen und wäre am liebsten nochmals nach Hause gefahren, um mich umzuziehen.

Von der Dame des Hauses wurde nun die Vorstellung bewirkt. Mit sichtbarem Stolz verkündeten die Gastgeber die Ankunft eines gewissen Emil Schille, der mir als der größte Violinvirtuos von Amerika dargestellt wurde. Ich hatte den Namen zwar noch nie nennen hören; er würde aber, so versicherte man, heute sogar mit seinem teuren Instrument kommen und etwas darauf vortragen.

„Ich würde Ihnen sehr empfehlen“, sagte mir Mr. Clausson, „sich mit Herrn Schille, der auch ein Landsmann von Ihnen ist, möglichst zusammenzutun, denn der kann Ihnen hier in Ihrem Berufe mehr behilfich sein, als wir alle zusammengenommen.“

Nun kam der Gefeierte auch an und gleich darauf ging der ganze Zug in den Speisesaal, wo ich die Dame des Hauses zur Nachbarin hatte. Auch Herrn Schille hatte man mir zu Gefallen in meiner Nähe placiert. Ich muß gestehen, daß der betreffende Herr mir nicht den Eindruck eines Künstlers machte, obgleich er sehr gelehrt über alles sprach, trotz eines nervösen Stotterns, das sich von Zeit zu Zeit in seiner Rede vernehmen ließ. Etwas sympathisches war dem hageren und glattgeschniegelten Gaste mit seinem schwarzgefärbten Schnurrbart und den lauernden Augen nicht nachzusagen. Und hätte ich mich von meinem Gefühl leiten lassen und mich ihm ferngehalten, wäre ich vor großem Unheil bewahrt geblieben!

Doch wollen wir dem Gange der Ereignisse jetzt nicht vorgreifen und uns wieder der ganzen Gesellschaft zuwenden, die sich nun zum Musizieren wieder in den Parlor begab, wo ein großer Steinwayflügel einladend der Vorträge harrte. Den Reigen eröffnete eine junge Dame, die mit unabsprechbarer Fertigkeit einige mittelschwere Sachen von Chopin vortrug, worauf ein auf „ini" endigender Sänger Griegs: „Ich liebe dich" als Novität zu Gehör brachte, wobei er aber immer „Ich leibe dich" sang. Der Herr war natürlich ein Amerikaner. Sodann setzte ich mich an den Flügel und spielte Beethovens Appassionata und im späteren Verlaufe des Abends gab ich noch eine eigene Komposition zum besten. Doch nun kam der große amerikanische Geigerkönig, den zu begleiten man mich gebeten hatte. Er spielte, nein, besser gesagt, er winselte die Cavatine von Raff und den zweiten Satz vom Mendelssohnkonzert, in welchem er aber dort, wo die Doppelgriffe in A dur sind, einen großen Sprung machte. Etwas jämmerlicheres von Violinspiel habe ich niemals gehört, was er auf seinem Instrument, das er von seinem Freunde (?) August Wilhelmj als Geschenk erhalten haben will, den Leuten anbot. Ein nicht endenwollender Jubel bewog ihn dann noch, Wilhelmjs Romanze zuzugeben. Mit vielem Stolz frug mich nachher der alte Clausson: „Nun junger Freund! Solches Violinspiel hatten Sie in unserem entlegenen Los Angeles wohl nicht erwartet?“ — „Allerdings nicht“, gab ich zur Antwort, „denn ich hatte wirklich mehr erwartet. Vielleicht hatte Ihr großer Geiger nicht seinen guten Tag.“ Mit dieser aufrichtigen Antwort hatte ich aber ganz entschieden bei ihm Anstoß erregt, und wenn ich auch noch als besondere Bravourleistung Richard Wagner's Feuerzauber auf dem Flügel vortrug, so war der Lapsus linguae nicht wieder gut gemacht und ich fühlte es, ich war — drunter durch.

Doch den großen Geiger Schille wurde ich von dem Tage an nicht wieder los, und für die nächsten Monate meines Dortseins wurde er mein Unstern. So widerwärtig und verdächtig seine ganze Erscheinung auch war, verstand er es trotz seines Sprachfehlers, den er infolge eines Lungenschusses besaß, mit unbeschreiblicher Redegewandtheit jeden Verdacht für den Augenblick zu beseitigen. Denn von Fernstehenden, die mich vor ihm wohlmeinend warnten, erfuhr ich die bedenklichsten Geschichten über sein Vorleben, so z. B. daß er vor mehreren Jahren infolge einiger entdeckter Abenteuer mit verheirateten Frauen der Gesellschaft Buffalo geteert und gefedert und zur

Stadt hinausgepeitscht worden sei. Aber trotzdem diese und noch viele andere Abenteuer die Vögel von den Dächern pfiffen, spielte dieser Hochstapler in Los Angeles gesellschaftlich eine bedeutende und einflußreiche Rolle. Die sogenannte vornehme Welt in der ganzen Umgebung war eben blind. Meine mit äußerster Vorsicht darüber gemachten Andeutungen riefen bei Mr. Clausson einen solchen Sturm von Entrüstung hervor, daß ich beschloß, zu dem ebenfalls verblendeten Manne nicht wieder hinzugehen. Doch allmählich wurde das Gerede über Schille immer deutlicher; man erzählte sogar, daß seine Violine wirklich von Wilhelmj herstamme, daß er sie bei einer Dame vertauscht habe, die sie einige Jahre vordem, als der deutsche Geigerkönig seine Reise um die Welt machte, von ihm für teures Geld gekauft hatte.

Schille aber war kein Feigling. Denn als er merkte, daß ihm jetzt der Boden unter den Füßen zu heiß wurde, kündigte er mit großer Reklame Ende März sein Abschiedskonzert an, bei welchem ich auf vielseitiges Zureden hin als Pianist mitwirkte, obgleich ich gern der Sache ferngeblieben wäre. Außer mir beteiligte sich noch ein dort wohlakkreditierter, blond gelockter Gesangslehrer, Signor Modini (in Wirklichkeit Mr. Charles Wood). Das Konzert war natürlich ausverkauft, denn ein jeder wollte den weltberühmten Geiger Schille noch einmal hören. Einige Tage später — Gott sei Dank — ging er endlich fort und ich fühlte mich riesig erleichtert. Letzteres aber noch weit mehr, als ich bald darauf gewahr wurde, daß ich durch gefälschte Unterschrift auch noch um meine letzten 1000 Mark gebracht war.

Ich gestehe gern, daß ich bis dahin ein recht unerfahrener Tropf gewesen bin. Man erlasse mir daher, die Einzelheiten zu beschreiben, wie es kam, daß ich mich so betrügen lassen konnte. Das Blut wallt mir auf, wenn ich nur daran denke! Soviel aber sei gesagt, daß einige Monate später die Nemesis den Schwindler in Berlin doch erreichte und daß er im Zuchthause von Moabit einige Jahre Zeit fand, über all seine Verbrechen hinter Eisengittern nachzudenken. Schilles Prozeß, bei dem allerdings viel Staub aufgewirbelt wurde, und der auch eine Reihe amerikanischer Damen in ein recht schiefes Licht brachte, ging in Deutschland durch alle Blätter und kann mit Leichtigkeit in den Chroniken heute noch nachgelesen werden. Mein in Dessau wohnender alter Herr war, um den Prozeß mit anzusehen, extra nach Berlin gefahren, und jubelte vor Freude, wie der Bursche verknackt wurde. Einige Wochen später erhielt ich von ihm täglich Stöße von Zeitungen darüber zugesandt. Und ich war es nun, welcher deren Verbreitung in ganz Amerika zustande brachte. Denn für eine ganze Woche lang schrieb die „Times" täglich mehrere Seiten über den Prozeß.

Viele amerikanische Zeitungen druckten die Timesberichte von Los Angeles nach und fast jeden Tag wurden neuentdeckte Betrugsfälle aufgezeichnet Die Los Angeles Society hatte aber gleichfalls in der Presse eine gehörige Schlappe erhalten und von vielen aus derselben wurde anfangs sogar mir, als dem Verräter des Ganzen, die Sache in die Schuhe geschoben. Welches Licht aber wirft das auf die dortige, gebildet sein wollende Welt —!

Doch da saß ich nun und hatte keinen roten Cent mehr. Mein einziges Einkommen war das wöchentliche Honorar von fünf Dollar von zwei Schülern. Ich mußte nun notgedrungen mir meinen Lebensunterhalt weniger durch Musik, als auf jede andere mögliche Art beschaffen, was jetzt, wo die heiße Saison bereits begonnen hatte, durchaus nicht so leicht war. Allerdings brachte dies auch sein Gutes, denn von nun an wurde ich praktisch.

III.

Wechselvolle Existenz.

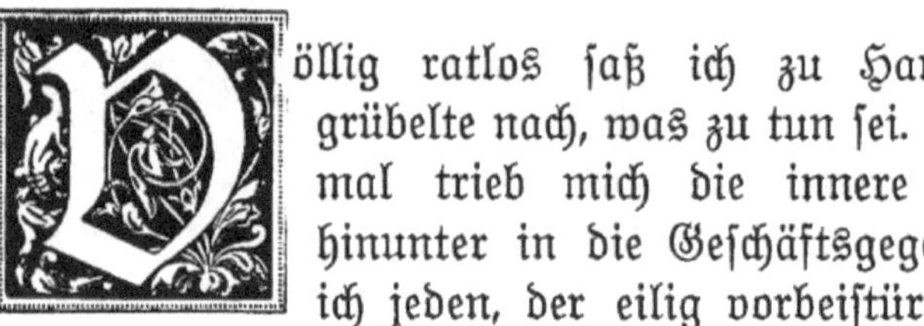

Völlig ratlos saß ich zu Hause und grübelte nach, was zu tun sei. Manchmal trieb mich die innere Unruhe hinunter in die Geschäftsgegend, wo ich jeden, der eilig vorbeistürmte, beneidete, weil er für seine Hast einen Grund hatte. Tag für Tag verstrich, ohne daß sich mir irgend etwas bot und das leidige Geld schwand bald zusammen bis auf nichts. Nach Hause an die Eltern schreiben, schlug ich mir völlig aus dem Sinn, denn so blamieren wollte ich mich denn doch nicht. Im übrigen hätte die Antwort auf einen Brief volle fünf Wochen gedauert, und zum Telegraphieren um Geld hätte meine Kasse auch nicht gereicht bei einer Taxe von 37 Cent pro Wort.

Eines Tages kam nun doch noch eine kleine Hilfe in Gestalt eines Briefes, in dem mich eine Miß Mariner in dem nahegelegenen Städtchen

Pasadena um Erteilung von Harmoniumunterricht ersuchte. Da sie aber selbst von Musikunterricht lebe, könne sie nicht mehr als einen Dollar pro Stunde wöchentlich zahlen, wollte aber denselben jedes einzelne Mal abladen.

Dieser eine Dollar hätte mir einmal beinahe das Leben gekostet.

Das idyllische Städtchen Pasadena, das etwa zehn englische Meilen entfernt in östlicher Richtung nach den Bergen zu an der Santa Fé Bahn gelegen ist, hatte ich schon wiederholt besucht. Jedesmal entzückten mich seine weitausgedehnten Orangerien- und Olivenanlagen, die Dattelalleen, die zwei bis drei Zentner schweren Kürbisse, wie auch die eigenartig gestalteten Cactusbäume. Dort hatte ich einige Bekanntschaften gemacht, von deren Seiten auch auf eine Verwertung meiner musikalischen Kenntnisse zu rechnen war. So lieblich Pasadena immerhin war, so hatte es doch eine Schattenseite, gehörte es doch zu den Prohibition-Kolonien, d. h. zu denen, wo kein Alkohol genossen werden darf, der als Genußmittel dort ebenso verpönt ist, als bei uns etwa Opium oder Morphium. Das war um so lächerlicher, als gerade dort, meilenweit im Umkreise neben den Orangeanlagen ebensoviele Weinfelder zu sehen waren, die sich, wie es schien, sehr gut bezahlten. Zur Erklärung sei nebenher gesagt, daß in dem gesegneten Lande der Wein nicht auf Bergen, sondern auf ebenem Felde wächst, daß die einzelnen Beeren aber fast eine Größe erlangen, wie kleine Pflaumen. Geschäftsstadt war das knapp 10000 Bewohner zählende Pasadena absolut nicht, es wohnten dort eben nur Rentiers,

Plantagenbesitzer und fanatische Frömmler. Bierlokale gab es natürlich gar keine und demzufolge keine Deutschen. Als einziges Verkehrsmittel hatte man eine Pferdebahnlinie, auf der zwei fromme Maultiere den einzigen Wagen stündlich in Bewegung setzten. Briefkästen wurden erst im Jahre 1890 eingeführt. Abgesehen von einer kolossalen Hitze, welche diejenige von Los Angeles noch übertrifft, herrschte in Pasadena eine Grabesstille, die höchstens durch das Bellen eines Hundes oder durch das häufige Läuten der Kirchenglocken unterbrochen wurde. Die Salvation army spielte in den Städten eine große Rolle. Allabendlich gegen acht Uhr zog sie, von einer großen Trommel, einer verstimmten Baßtuba und einem Kornett angeführt, mit etwa zwanzig Tamburins im Gefolge, singend durch die Straßen. Wenn auch wegen der Nähe der imposanten Berge und der massenhaften in Blüte stehenden Orangenbäume die Luft geradezu herrlich war, möchte ich in dem geisttötend langweiligen und bigotten Neste nicht begraben sein.

Die Fahrt nach Pasadena und retour kostete 45 Cent. Verdienen sollte ich in Pasadena einen Dollar. Wenn auch der eine Dollar niemanden dorthin gelockt hätte, konnte ich ihn doch nicht entbehren. Um nun nicht beinahe noch die Hälfte für Bahnfahrt auszugeben, entschloß ich mich, die zehn Meilen lange Strecke von Los Angeles dorthin zu Fuß zu gehen. Schließlich war es ja nicht allzuschlimm, es war allerdings ein etwas strammer Spaziergang. Früh sieben Uhr brach ich auf, setzte meinen Tropenhelm auf und mit einem kräftigen Stock und Rieschbieters Harmonielehre bewaffnet, zog ich los. War auch der Weg durchaus nicht uninteressant, so wurde doch die Hitze von Stunde zu Stunde immer unerträglicher. Bei Garvanza war eine lange hölzerne Brücke zu überschreiten, die über ein Tal führte, in welchem tief unten der fast versandete Arroyo secco sich hinzog. Dort unten zwischen dem Prairiegras und den wild durcheinander liegenden Felsblöcken hausten viele Klapperschlangen, mit denen aber niemand in Berührung kam.

Garvanza war die gute Hälfte meines Weges und war auch Bahnstation.

Um elf Uhr vormittags langte ich dann in der Regel bei meiner Schülerin an, wo ich den Unterricht zumeist so lange ausdehnte, bis der Lunch aufgetragen wurde und man mich daran teilzunehmen aufforderte. Daß ich den Weg gegangen war (einmal sogar mit leerem Magen) und nur wegen der einzigen Stunde überhaupt nach Pasadena kam, davon hatte natürlich niemand eine Ahnung. Aber mit dem einen harten Dollar in der Tasche ging es so um drei Uhr bei einer bleiernen Glut, unter der alles zitterte, wieder auf den Heimweg, um dann um sieben in Los Angeles zu landen, wo ich bei Kerkow im Vienna Buffet zur Musik ein kräftiges Abendbrot mit reichlich Bier verzehrte, was natürlich den größten Teil des mitgebrachten Dollars kostete. Mit einem vollen Magen zieht aber wieder Ruhe ins Gemüt. Und wußte man auch nicht, ob und wie am nächsten Tage ein Auskommen sich finden würde, so konnte man doch schlafen.

Ganz so ohne Störungen ging aber dieser gewohnte Marsch nicht immer von statten. Denn eines Tages hatten wir ein kurzes Erdbeben, dem nachts noch ein stärkeres folgte. Ohne jedoch in der Stadt viel Schaden anzurichten, hatte dasselbe bei Garvanza die schon längst baufällige Holzbrücke zum Einsturz gebracht. Verunglückt war zwar niemand dabei, doch hatte ich gerade am Morgen darauf meine Fußwanderung wieder zu machen. Welcher Schlag war es daher für mich, als ich nach bereits zwei Stunden Weges vor dem Trümmerhaufen stand! Nach Pasadena mußte ich um jeden Preis, d. h. keinen Geldpreis. Die Eisenbahnbrücke aber, welche in einiger Entfernung das Cañon ebenfalls überspannte, war unversehrt geblieben. Dabei war der Bahnweg erheblich kürzer, indem er den weiten Bogen vermied, den die Landstraße machte.

„Halt," dachte ich, „wenn ich über die Eisenbahnbrücke laufe, da schneide ich doch ein gewaltiges Stück Weges ab."

Nach meinem Fahrplan war vor einer Stunde kein Zug zu erwarten, und kurz entschlossen betrat ich die Brücke, die ungefähr einen halben Kilometer lang war und in mehr als hundert Fuß Höhe über dem Tale durch die Luft ging. Die Brücke war eingeleisig und aus Holz konstruiert. Die einzelnen Schwellen standen aber so weit auseinander, daß ein Mensch ganz bequem hätte dazwischen hindurchfallen können. Es kam hinzu, daß ich durchaus nicht schwindelfrei war und jeder Schritt vorwärts einen Entschluß bedeutete. Die Schwellen waren nicht länger als eben nötig, um den Zug passieren zu lassen und die Schienen zu halten. Alle zwölf Schwellen kam eine längere, die an beiden Seiten etwas hervorstand. Auf den vorstehenden Enden derselben stand je ein großes Faß mit Wasser für den Fall eines Feuers. Ein Geländer war natürlich nicht vorhanden. Ich mochte wohl eine Viertelstunde bereits unterwegs gewesen sein und hatte ungefähr die Mitte erreicht, als ich zu meinem Entsetzen ein Läuten höre: Bim, bimbim, bimbim; und kurz darauf ertönt ein häufiges, schrilles Pfeifen hinter mir. Fast wäre ich vor Schreck von der Brücke getaumelt, hatte aber doch soviel Kontrolle über mich, um mich langsam herumzudrehen, gerade als der Zug über die Brücke zu rollen begann und sie unter meinen Füßen heftig erzittern machte.

Das dumpfe, näher kommende Rollen machte mich fast kopflos und erhöhte noch mein Schwindelgefühl; der einzige Gedanke schien, auf den nächsten Vorsprung zu eilen, dort das Faß in die Tiefe zu stürzen und mich selbst auf den Balken zu stellen. Doch es war schon zu spät. Das herankommende Ungetüm war ein Güterzug, der von Sekunde zu Sekunde näher kam. Aus dem Fenster der Lokomotive gestikulierte der Führer und rief aus vollem Halse „Down, down!“ Ich verstand! und so schnell als möglich kletterte ich in das untere Gebälk, wo ich mich hineinsetzen konnte. Im nächsten Augenblicke schon donnerte auch die Lokomotive über meinem Kopfe hinweg und der ganze lange Zug folgte nach. Es war deutlich zu fühlen, wie unter der ungeheuren Last sich das Gebälk senkte. Der Leser möge aber versichert sein, es gehören wirklich starke Nerven dazu, solche Strapazen auszuhalten und nicht gelähmt loszulassen, um in die Tiefe zu stürzen. Klatschnaß aber seelenfroh war ich, als ich wieder an Land war und ohne weitere Schrecken nach Pasadena weiterwandern konnte.

An dem Tage nahm ich mir aber ein Bahnbillett für die Rückfahrt.

War dies nun auch für meine Person ein sehr erwähnenswertes Ereignis, so durfte dasselbe vorläufig niemand erfahren; denn dadurch wäre nur meine damalige große Armut ans Licht gekommen, die zu verbergen aus geschäftlichen Gründen wichtig war. Auch an die Eltern ließ ich niemals in Briefen etwas verlauten, weil sie sonst um meine Sicherheit besorgt gewesen wären. In Los Angeles mußte in jedem Falle der Glaube erhalten werden, daß ich viele Schüler hätte, denn nur dann war Aussicht vorhanden, regen Zulauf zu bekommen. Das Sprüchwort: „Wo Tauben sind, fliegen Tauben zu,“ paßte sehr auf die Situation. Selbstverständlich war es Pflicht, stets in guten Kleidern einherzugehen, immer eine heitere Miene zu zeigen und nie zu klagen. Es dauerte nicht lange, so erhielt ich (leider wieder in Pasadena) eine weitere und besser zahlende Schülerin zugewiesen, in deren Hause mir auch ein Zimmer zur Verfügung stand, falls ich über Nacht dort bleiben wollte. Leicht hätten sich noch verschiedene Schüler hier oder dort finden können, wenn ich als Zahlung Land dafür genommen hätte. Leider kann man davon nicht essen. Denn seit dem Niedergange des „Boom“ hatten viele Leute Land in Menge, aber kein bares Geld. An Versprechungen fehlte es keineswegs. Ehe die sich aber verwirklichten, konnte ich längst verhungert sein.

Eines Tages, als ich von Pasadena abends nach Hause gekommen war, sagte mir meine Wirtin: „Ein farbiger Herr (colored gentleman) ist heute hier gewesen und wollte Sie in einer geschäftlichen Angelegenheit sprechen. Er schien es sehr eilig zu haben und will morgen früh wiederkommen". Am anderen Morgen langt wirklich ein baumlanger Schlingel von Neger bei mir an; aber fein gekleidet, mit Zylinder und Glacéhandschuhen. „Sir," sagte er, „ich habe viel gutes über Sie gehört. Sie seien ein Musiker und auch ein Kapellmeister". — „Stimmt allerdings".— „Ich bin Manager von einem Negerorchester mit Solosängern. Alle sind gute Spieler. Ich selbst singe Tenor dazu. Wir brauchen einen gelernten Kapellmeister, und wir wollen ihm vierzig Dollar die Woche zahlen. Reisespesen überallhin frei. Wollen Sie die Stellung annehmen?" — „Hm," sagte ich, „würde es nicht etwas sonderbar aussehen, wenn ich als Weißer eine Negertruppe dirigiere? Denn eigentlich müßte doch der Kapellmeister auch ein Neger sein". — „Ganz recht," versetzte der Manager, „aber wenn Sie sich schwarz färben und womöglich noch Ihren Schnurrbart abnehmen, würden Sie einen famosen Neger abgeben, denn Sie haben etwas dicke Lippen". Schneller als ich schreibe war der Kerl mit einem Fußtritt vor der Tür. Noch eine lange Zeit stand er fluchend unten auf der Straße und glättete seinen Zylinder, während ich oben hinter den Jalousien den Gentleman beobachtete und mich köstlich amüsierte. Gewiß hatte ich Geld sehr vonnöten. Denn die zirka acht Dollars pro Woche, die mir zukamen, falls keine Stunden ausfielen, reichten kaum zur Hälfte für meinen Lebensunterhalt und ich kam mit der Miete immer mehr in Rückstand.

Daß sich etwa meine Lage während des jetzt herrschenden heißen Sommers verbessern konnte, war wenig wahrscheinlich. Wer 'sollte auch bei der Hitze irgendwelche Stunde nehmen. Als ich daher eines Abends nach langer Abwesenheit nach Hause kam, war vor meiner Eingangstür ein Schloß angebracht und meine Wirtin weigerte sich, die Tür zu öffnen, bis ich ihr meine Schulden bezahlt hätte, die bereits über 25 Dollars betrugen. Das war ja nett! Ohne Geld und ohne Gepäck hätte ich anderswo auch keine Schlafstelle finden können. Auch war es mir viel zu peinlich, jemanden meiner reichen Bekannten anzupumpen. Doch wollte ich schlafen? Diese Frage sollte beim Abendessen im Vienna Buffet, wo ich Kredit hatte, erwogen werden, von wo aus ich durch Speise und Trank neu gestärkt einen Bummel nach der in der Richtung nach Pasadena gelegenen Vorstadt unternahm.

Es war eine jener milden, herrlichen Sommernächte, zu der Zeit, wo es im Freien viel angenehmer ist, als in den dumpfen Häusern, in denen man vor Hitze oft gar nicht schlafen kann. Unterdessen wurde die lange Downey Avenue erreicht, wo die großen Pfefferbäume stehen. In der Nähe davon war auch der Fluß. Wie wäre es, wenn man anstatt in ein schwüles Haus zu gehen, auf solch einem schönen Pfefferbaum schliefe? Kaum gedacht, schon getan, kletterte ich auf einen recht buschigen, und suchte mir einen bequemen Ast aus, wo man sicher drinsitzen und auch beide Arme einhängen konnte. Rock, Hut und Stiefel wurden an benachbarten Ästen befestigt und mit dem Gedanken, daß morgen sich vielleicht Rat finden könnte, schlief ich wahrhaftig auch ein. Zwar bildeten sich eigenartige Träume, wie als ob man aus einem Luftballon fiele, wobei ich auch erwachte. Aber eigentümlich war es doch, ich fiel nicht herab. Denn auch im Schlafe besitzt der Mensch eine scheinbar unbewußte Kontrolle und Überlegung im Sinne der Selbsterhaltung. Eine einzig falsche Bewegung hätte mir ja das Genick brechen können.

Am anderen Morgen badete ich im nahegelegenen Fluß, und unternahm darauf einen Spaziergang nach dem Postamt, um dort nach Briefen zu fragen, da ich die nicht mehr ins Haus kommen lassen wollte. Doch am folgenden Tage kam keine Hilfe. Meine hartherzige Wirtin gestattete mir nur, einige Toilettegegenstände und etwas Wäsche mitzunehmen. Wenn ich nun hin und wieder einen Dollar in der Tasche hatte, war mir doch die Idee zuwider, in einer schmutzigen Spelunke zu übernachten. An einem Tage der Woche stand mir auch ein herrliches Bett in einem vornehmen Hause in Pasadena zur Verfügung. Am nächsten Abende suchte ich mir jedoch wieder meinen erprobten Pfefferbaum auf, wo ich bombenfest schlief.

Wie erstaunt war ich aber, als eines Morgens beim Erwachen auf einem benachbarten Baume ein Schlafkollege mich mit einem freundlichen: „Good morning, Sir!“ begrüßte. Waren dies nur drei Worte, so war doch an deren Aussprache zu erkennen, daß der freundliche Nachbar ein Deutscher war. „Halloh,“ rief ich, „Sie sind wohl gar ein Landsmann?“ — „Jawohl, ich bin nämlich aus Dessau.“ – „Was, aus Dessau? Das kenne ich auch ganz gut!“ Wir mußten beide hell auflachen. „Was hat Sie denn in aller Welt in diese Gegend hier gebracht?“ fragte ich weiter.

„Ja, mein Bester,“ erklärte er offen, „ich bin

nämlich Chemiker, bin Spezialist für Bodenanalysen, qualitative und quantitative. Und da wurde mir eben gesagt, daß hier ein großer Boom wäre in Grundbesitz, real estate, und daß gerade bei Anlage von Plantagen der Boden aus Mangel an richtigen Chemikern nicht sachlich untersucht wird. Leider aber ist seit einigen Monaten die Spekulationswut vorbei und der Boden bleibt nun eben liegen wie er ist. Sehen Sie, das ist nämlich so — — — — — —"
Und dabei erging sich der Leidenskamerad in einer genauen Erklärung darüber, welche Kalien der Boden haben muß, wenn Orangen darauf gedeihen sollen, und was bei Oliven und beim Weinbau die Bestandteile sein müssen, wobei ich zur Genüge erkannte, daß derselbe ein etwas schwatzhafter Kunde, dabei aber ein ganz harmloser Mensch war. Ohne Nennung unserer Namen verabschiedeten wir uns mit dem Versprechen, daß, falls wir im Laufe des Tages keine Unterkunft finden würden, wir uns auf unseren Bäumen wieder treffen wollten.

Doch dieser Tag wurde ein Wendepunkt, denn auf der Post fand sich ein Brief von einem gewissen Bernhard Loewy, deutscher Jude natürlich, der in der Fourthstreet einen kleinen Seifenladen mit einem Landsmann und Glaubensgenossen namens Heller zusammen innehatte.

„Lieber Freund," so lautete der Brief, „wir haben sehr lange von Ihnen nichts gehört. Sollten Sie trotz Ihres schönen Klavierspiels bis jetzt noch keine passende Beschäftigung gefunden haben, dann kommen Sie doch dieser Tage zu uns mal ins Geschäft, wo Sie große Veränderungen sehen werden.

Wir betreiben etwas neues. Wenn Sie wollen, so können Sie sich an der Sache beteiligen, die viel Geld einbringt. Einstweilen mit Gruß Ihr Bernhard Loewy". —

Hallo, was ist das!? Sofort brach ich nun auf zu Loewy und Heller nach der Vierten Straße, fand aber nicht mehr das mir bekannte Seifengeschäft vor, sondern einen völlig veränderten Laden mit lebensgroßen Porträts in vornehmen Rahmen. Oben darüber war ein großes Schild mit der Aufschrift: Southern Pacific Portrait Co.

Nanu, ist denn das der richtige Laden? Du willst doch mal hineingehen und fragen, dachte ich.

Im Laden war ein ganz reizendes Fräulein, die nach Nennung meines Namens mich durch einen Vorhang ins Nebenzimmer führte, wo Loewy und Heller vom Frühstückstisch aufstehend mich freudig begrüßten und mir noch zwei bis jetzt Unbekannte, einen gewissen Albanus, der Maler war, und einen stellenlosen Apotheker namens Müller vorstellten.

„Hallo!" sagte Loewy, der ein junger Mann in meinem Alter war, „wir haben endlich was gefunden, das Geld bringt! Wir machen jetzt in Crayon-Porträts und verdienen mächtig". —

„Ja, ja," ergänzte der in gesetzten Jahren stehende, etwas korpulente Heller, „man muß nur auf die Eitelkeit des Publikums spekulieren". —

„Stimmt!" bestätigte sein Kompagnon: „Und Sie sollen auch mitwirken und gut verdienen. Aber Ihren Stolz müssen Sie aufstecken, denn unser Hauptgeschäft wird durch Hausieren gemacht, damit wir Orders (Aufträge) für unsere Porträts bekommen. Vor allem aber beantworten Sie mir mal eine Kardinalfrage: Haben Sie heute schon gefrühstückt?" — „Allerdings noch nicht," mußte ich bekennen. — „Nun, dann setzen Sie sich mal gemütlich her! — Heller, braten Sie mal für unseren Freund noch ein schönes Stück mageren Speck und zwei Eier! — Der Tee ist noch warm und ich werde Ihnen gleich eine Tasse eingießen."

Über die Freundlichkeit der beiden Juden, die ich nur wenig kannte, war ich ganz betroffen. Zur weiteren Erklärung all des mir unverständlichen fuhr Loewy fort: „Ich war neulich in Ihrem Hause in der Dritten Straße, wo Ihre Wirtin recht unfreundlich über Sie sprach. Sie ist ganz entsetzt darüber, daß Sie, wie alle vernünftigen Menschen, Bier und Wein trinken, weil sie nämlich zur Prohibitionspartei gehört. Dabei ließ die Person auch durchblicken, daß Sie ihr noch Miete schuldig sind. Wissen Sie was, Freund, verdienen Sie sich Geld, bezahlen Sie die paar Dollars und ziehen Sie runter in die Geschäftsgegend. Denn wer soll zu Ihnen, der Sie Kundschaft suchen, erst den Berg hinaufklettern bei der Hitze?"

Unterdessen kam auch Heller mit einer riesigen Portion für mich, wünschte mir guten Appetit und fügte noch hinzu: „Wenn Sie damit fertig sind, dann spielen Sie uns, bitte, mal auf unserem alten Klimperkasten die Tannhäuserouvertüre vor, die Sie damals in dem Konzert so herrlich vortrugen. Ich fühlte mich dabei richtig wie zurück nach Deutschland versetzt. Ich war sogar extra wegen der Nummer, die Sie spielten, mit hingegangen und habe meine zwei Dollar bezahlt. Für diese Kaffern, die hier wohnen, war das allerdings nichts. Und Sie sehen es ja selbst, wie weit Sie bis jetzt damit gekommen sind."

Heller hatte Recht, mit einem: „Stimmt!“ bestätigte Loewy seinerseits die Richtigkeit des Gesagten. Dann ergriff letzterer nochmals das Wort: „Unsere neue Sache bringt Geld, und das brauchen Sie jetzt. Aber Hausieren müssen Sie dabei, und zwar mit Tickets und einem Probebild bewaffnet. Hier lesen Sie mal!“ Dabei überreichte er mir eine Karte, worauf stand:

Southern Pacific Portrait Co.

The holder of this ticket is entiteled to have a life size Crayon-Portrait of his own or of any other person free of charge. The only condition we make is, to exhibit the portrait in the best room, not ti eraze the name of the artist — and have the same suitable framed by us. These tickets can only be obtained during three months after which full price must be paid for each portrait.

Auf deutsch heißt es:

„Der Inhaber dieses Billetts ist berechtigt zum Empfange eines lebensgroßen Crayon-Porträts von sich selbst oder einer anderen beliebigen Person. Die einzige Bedingung, die wir machen, ist, dasselbe im besten Zimmer auszustellen, nicht den Namen des Malers wegzuradieren — und dasselbe entsprechend von uns einrahmen zu lassen. Diese Billetts sind nur für drei Monate zu haben, nach welcher Zeit für jedes Bild der volle Preis bezahlt werden muß.“

Noch immer verständnislos den Kopf schüttelnd, fragte ich die freudestrahlend mich Umstehenden: „Aber worin liegt denn da das Geschäft?" — „Das Geschäft steckt im Rahmen", antwortete Heller. „Stimmt!" sagte Loewy. „Hier unser Tischler im Hinterraume, ein alter halbtauber Schlesier, macht Rahmen über Rahmen von früh bis abends und wird bald noch einen Gehilfen nötig haben. Lesen Sie doch; and have the same suitable framed by us. Wer also solch ein Bild bestellt, muß den Rahmen von uns nehmen, sonst bekommt er einfach das Bild nicht."

„Was soll ich aber bei der Sache tun?" fragte ich. — „Sie sollen Tickets verkaufen und die erhaltenen Photographien uns mitbringen, die wir dann lebensgroß malen. Sie nehmen auf den Weg ein Probebild mit, einen Präsidenten natürlich. Bei Republikanern zeigen Sie Harrison und bei den Demokraten Cleveland. Für das Billett verlangen Sie einen Dollar und der gehört Ihnen voll und ganz. Am Abend bringen Sie uns die mitgegebenen Photographien mit Namen und Adresse ins Geschäft. In ein bis zwei Wochen sind dann die großen Porträts fertig. Eigentlich ist es ja ein kleiner Schwindel, denn die Dinger sind keine gemalten Porträts, sondern Lichtdrucke, die unser Freund Albanus sehr geschickt mit einer Sprühmaschine, die mit dem Fuße in Bewegung gesetzt wird, und chinesischer Tusche übermalt, und dann genial seinen Namen draufschreibt. Der Schwindel ist aber harmlos, denn die Leute bekommen ja das „Crayonporträt" gratis und nur die Rahmen berechnen wir sehr hoch.

Wenn dann nun jemand kommt und sein Bild sehen will, steht es in prächtiger Einrahmung auf einer Staffelei, und unser Fräulein — schneidiges Weib, was? — zieht den Vorhang elegant fort und enthüllt mit kunstverständiger Miene das Bild, blickt durch die hohle Hand, 2c. 2c. Der Auftraggeber ist dann immer so entzückt, daß er die in der Regel nie zuvor gelesene klein gedruckte Bedingung betreffs Einrahmung gern eingeht und den teuren Rahmen bezahlt". — „Ja, ja, die Eitelkeit," warf hier Heller ein. „Stimmt", setzte Loewy fort: „Oft kommt eine Dame und will ihr Bild abholen. Wenn dann unser Fräulein vom Rahmen anfängt, heißt es meistens, daß sie einen von derselben Größe zu Hause habe. Dann muß immer auf das Billett verwiesen werden, und daß doch der Agent alles genau erklärt habe. In Wirklichkeit geschah das natürlich nicht, denn als Hausierer muß man immer schwatzen, damit die Kundin vom genauen Lesen der vielen Worte abgelenkt wird.

So, nun wissen Sie alles! Wenn Sie Lust haben, dann beginnen Sie gleich heute." — „Gut," sagte ich, „da will ich denn lieber gleich losziehen. Am besten ist es, ich fahre nach dem Stadtteil Boyle hights, wo mich niemand kennt." — „Boyle hights," entgegnete Loewy, „all right." „Da nehmen Sie aber Präsident Cleveland mit, denn dort oben sind alle Demokraten. Na dann also gut Glück, und auf Wiedersehen heute abend."

Mit einem lebensgroßen Porträt des Präsidenten Cleveland in einer Ledermappe und einer Menge Billetts in der Tasche schob ich los nach dem besagten Stadtteil. Den ganzen Tag bei glühender Hitze ging ich von Haus zu Haus, wurde aber stets sofort wieder abgewiesen. Nicht ein einziges Mal kam ich bloß so weit, den Cleveland auszupacken. Es war zum Verzweifeln. Erstens die Erniedrigung, zweitens nicht einmal ein Erfolg dabei! Ganz geknickt langte ich abends bei Loewy und Heller an, die mich trösteten, und mir sagten, daß das Hausieren auch erst erlernt werden müsse. „Ja, da sehen Sie es", sagte Loewy, „das Hausieren ist nicht so leicht als Klavierspielen! Das wollen wir Ihnen aber schon beibringen. Essen Sie nur erst mit uns Junggesellen Abendbrot; wir wollen Ihnen dann hinterher Unterricht im Hausieren geben". — „Aber nachher," bat Heller, „spielen Sie uns dann noch einmal die schöne Tannhäuserouverture vor, nicht wahr?" —

Diese Kontraste! Es war zum Lachen.

Unterdessen kam nun auch der Apotheker Müller ganz freudestrahlend an: „Meine Herren, ich habe heute Pasadena abgeklopft und habe über 30 Dollars verdient! Was sagen Sie dazu?" Dabei stellte er den Harrison in die Ecke und legte einen Stoß von Photographien auf den Tisch des Hauses. Heller zählte: „Wahrhaftig, dreiunddreißig". Mir stand der Verstand still. „Heute Abend," sagte der Apotheker, „gebe ich aber eine Gallone Zinfandel zum besten, damit wir zu der schönen Musik auch etwas zu trinken haben." Nachdem das Abendessen vorbei war, ging es an die Hausierstunde, die mir von den drei Herren in pleno erteilt werden sollte. Der dicke Heller war die Hausdame, der Apotheker Müller der Hausierer. Ort der Handlung — eine Türe. Wir beiden anderen saßen davor.

„Vor allem," sagte der Loewy, „müssen Sie immer nur die Damen zu erreichen suchen; Männern gehen Sie tunlichst aus dem Wege. Ehe Sie klingeln, sehen Sie sich die Türe daraufhin an, ob sie nach rechts oder links aufgeht (nach innen zu natürlich). Geht sie nach rechts auf, dann nehmen Sie den Präsidenten unter den rechten Arm und setzen den rechten Fuß parat. Dann erst klingeln Sie. Fragen Sie nur nach der Dame des Hauses und schieben Sie beim Gruße die obere Ecke Ihres Präsidenten unmerklich zwischen die offene Tür, damit sie nicht wieder zugeschlagen werden kann. Machen Sie dabei aber das freundlichste Gesicht von der Welt. Sagen Sie, Sie seien nur gekommen, um der Dame ein Kunstwerk zu zeigen; von verkaufen keine Rede. Wenn Sie schon bei Nachbarn waren und dort einen Auftrag erhielten, dann um so besser. Dann packen Sie Ihren Präsidenten aus und sagen, daß wir eine neue Firma wären, alles Künstler, die für drei Monate lang, um sich einzuführen, umsonst arbeiten, daß sich aber auch nebenan die Nachbarin bereits ein Gratisbild gesichert habe. Sie greifen dann lässig in die Tasche und holen unter vielen anderen die betreffende Photographie hervor, und tun so, als dürften Sie dieselbe eigentlich nicht zeigen. Wenn Sie soweit sind, dann haben Sie sicher gewonnen und nun reden Sie von den Billetts, die bald gar nicht mehr vergeben werden und zeigen langsam eins ihrem Opfer. Wenn aber die betreffende Dame dasselbe einmal in den Händen hat und liest, dann schwatzen Sie alles mögliche, was Ihnen nur einfällt, damit nicht die Kleinschrift entziffert wird.

Wenn die Dame unschlüssig ist, loben Sie die Bilder an der Wand, schmeicheln Sie ihr, indem Sie die Bilder ihrer Kinder schön finden, die Züge ihres Mannes geistvoll und wenn er auch der dümmste Bauer ist.

Ich sage Ihnen, daß Sie dann sicher ein oder zwei Aufträge bekommen, wobei Sie ebensoviele Dollar verdienen."

Das waren ja ganz neue Dinge, von denen ich keine Ahnung vorher hatte, und die auch vor meinen Augen deutlich vorgeführt wurden. Zum Schluß der Lektion sagte noch Loewy: „So, Freund, nun ziehen Sie mal morgen wieder los; Sie werden sicher einige Orders mit nach Hause nehmen." Und so war es auch. Zwar wurde ich anfangs in etwa einem Dutzend Häuser abgewiesen, aber am nachmittage hatte ich wahrhaftig drei Billetts verkauft.

Auf dem Nachhausewege sollte mir weitere Freude zuteil werden, denn als ich bei dem Postamt vorsprach, wurde mir ein Brief aus Santa Monica, dem Badeort an der Küste, überreicht. Eine Mrs. Bones bittet mich darin, ihr einen Besuch abzustatten, da ich deren Tochter Klavierstunden geben sollte. Das war ja eine Ermutigung, denn dies betraf mein wirkliches Fach als Musiker. Hocherfreut komme ich zu meinen jüdischen Freunden und berichte über meinen Erfolg, zeige auch den eben erhaltenen Brief. Die beiden sind perplex vor Staunen: „Was! Bones! Das ist ja die Frau des Senators, eines der reichsten Männer in Südcalifornien! Sie haben wahrhaftig Glück im Unglück. Wir gratulieren Ihnen herzlich dazu. Da dürfen Sie aber nicht etwa bescheiden sein; verlangen Sie keinesfalls weniger als fünf Dollar für die Stunde und noch die Reisekosten extra."

Der nächste Tag war ein Sonntag. Wie erstaunt waren auch meine Wirtsleute, als sie von dem Briefe erfuhren, von der neuen Verbindung, die ich hatte.

Mein Kredit war wieder enorm gestiegen. Ich zog für diesen Besuch meinen besten Anzug an, setzte den Zylinder auf und steckte ein Paar nagelneue Glacees zu mir. Um neun Uhr früh dampfte vom Southern Pacific Depot mein Zug ab, um mich in einer halben Stunde nach der Küste des stillen Ozeans in das auf einem etwa achtzig Fuß hohen Plateau gelegene Städtchen zu führen. Prächtig war die blaue sonnige Wasserfläche anzuschauen, über die hinweg in 28 Meilen Entfernung die Linien der Catalineninsel zu sehen waren. (Ein matter Dunst, der die Insel noch umlagerte, gab ihr das Aussehen, als ob sie eben erst aufgestanden sei.) Die äußere Kante des steil abfallenden Plateaus von Santa Monica war ein von Häusern freier schmaler Streifen Wiese, auf der gelegentlich Bänke standen. Dies war der Aussichtsplatz. Von hier oben beherrschte der Blick die weitgedehnte Meeresflut, wie auch die unterhalb unter frohem Gejuchze sich badenden Menschen beiderlei Geschlechts.

Mein Weg führte oben entlang über die Wiese, wo ich, den Ozean immer zur linken Seite, in kaum 15 Minuten die palaisartige Villa des Senators erreichte, welche das letzte Haus des Städtchens war. Von einem gallonierten Neger geleitet, durchschritt ich (mit einer Miene, die ein Millionär haben sollte, aber nicht hat), die Flucht der hocheleganten, mit schweren Teppichen ausgelegten Räume, wo ich zuletzt unter weltmännisch eleganter Verbeugung der Frau Senator Bones mich vorstellte. Sie war eine hochvornehme und liebenswürdige Dame in noch verhältnismäßig jungen Jahren. An ihrer ganzen

Erscheinung, die auch der Schönheit durchaus nicht entbehrte, sah man sofort, daß sie das ganze Leben lang in sehr reichen Verhältnissen gelebt, sich aber auch einen ungewöhnlichen Grad von Bildung zu eigen gemacht hatte. Auf meine Begrüßung in englischer Sprache antwortete Mrs. Bones sofort in fließendem Deutsch. Auch sie war damals vor Monaten in dem Konzert gewesen, wo ich die Tannhäuserouvertüre gespielt hatte. Ich erfreute sie daher besonders, als ich ihr das schöne Opus auf ihrem Steinway nochmals vortrug, währenddessen ihr damals etwa 14jähriges Töchterchen namens Alice bescheiden sich hereingeschlichen hatte. Dies war die neue Schülerin, die mir mit einiger Schüchternheit dann auch einiges selbst vorspielte.

Und nun die Honorarfrage.

Die Forderung von fünf Dollar, welche mir beim Aussprechen so unverschämt klang, daß mir fast das Wort im Halse stecken blieb, wurde anstandslos bewilligt. Auch die heutige Konsultation galt gleich als Stunde. Ohne dazu aufgefordert zu sein, übergab mir Mrs. Bones, die auf einige Minuten verschwunden war, einen Scheck über 50 Dollar für die ersten zwei Monate, mit der Bitte, von nun an jeden Sonntag früh nach Santa Monica zu kommen. — Welche Kontraste! Diese beiden Worte muß ich wieder ausrufen. Gestern Hausierer — heute Musikstunden im vornehmsten Hause bei einem im ganzen Lande bekannten Staatsmanne. So etwas kann man aber nur in Amerika erleben. Durch diese so plötzlich eingetretene finanzielle wie gesellschaftliche Wendung zum besseren fühlte ich mich aufgerichtet und neu gestärkt. Gemahnte mich dies doch, daß ich nicht bloß ein Mann, sondern ein Herr sei. Fünfzig Dollar hatte ich in der Tasche. Freilich war meine Zukunft dadurch noch keineswegs gesichert, denn die gingen beinahe alle für Schulden auf, von denen ich noch am selben Tage 25 Dollar an meine Wirtin und fünfzehn weitere an Herrn Kerkow im Vienna Buffet ablud. Gleichzeitig aber legte ich mir den Gedanken zurecht, auszuziehen, und unten in der Stadt ein Studio einzurichten, wenngleich die Miete dort etwas teuerer war.

Mochte ich nun wollen oder auch nicht; am nächsten Tage mußte gleich wieder hausiert werden. Auch diesmal hatte ich Glück, denn ich verdiente acht Dollar. Und auf einem, Ende der Woche ausgeführten weiteren Streifzuge gelang es mir sogar zwölf Dollar mit nach Hause zu bringen. Von nun an hausierte ich wöchentlich nur zweimal und nahm mir dabei stets einen „buggy" (einspännige zweirädrige Kutsche), der für den halben Tag nur einen Dollar Miete kostete. Dies geschah deswegen, um weiter von der Stadt entfernt schneller von Haus zu Haus zu kommen, dort wo die Besitzungen weiter auseinanderlagen und wo die Gegend von unserer Firma noch nicht so abgegrast war. So gab es denn Tage, an denen tatsächlich zwanzig Dollars verdient wurden.

Mittlerweile erhielt ich aber auch, da es nun Herbst wurde, mehr Schüler, respektive Anmeldungen; und meine alte Wohnung in der Dritten Straße wurde gegen eine unten in der besten Gegend gelegene vertauscht und dort, zumeist auf Pump, ein feines „Studio" mit eigenen Möbeln und einem schönen

Decker Bros Klavier eingerichtet. Dies kostete freilich eine Menge Geld. Es wurden aber die laufenden Ausgaben dadurch um einiges verringert, indem sich am Studio ein Gesangslehrer beteiligte, der dasselbe an den Wochentagen belegte, an denen ich in Pasadena zu tun hatte, respektive hausieren ging. Freilich wurde diese entwürdigende Tätigkeit immer mehr verringert, da die Gefahr, erkannt zu werden, stets wuchs. Es gelang aber von nun an, mit dem Gesanglehrer zusammen eine ständige Annonce in ein dortiges Blatt einrücken zu können, wo mit Angabe der Sprechstunden auf unsere Tätigkeit in genügendem Maße hingewiesen ward. Des weiteren wurde von uns beiden ein alle zwei Wochen wiederkehrender Musikabend bei uns eingerichtet, zu welchen Einladungen ergingen. Unsere Musikabende, bei denen wir uns soweit verstiegen, den Damen Eiscreme und Limonaden vorzusetzen und den Herren (falls sie keine Prohibitionisten waren) in einem Nebenzimmer heimlich Whisky.

Zur gleichen Zeit stellte sich ein eben erst zugereister Geiger namens Seemann vor, der sich gleichfalls bemühte, im Falle er Violinstunden geben würde, mein Studio stundenweise zu mieten. Es kam auch des weiteren ein Brief aus New York, in welchem auf die Empfehlung des Kapellmeisters Anton Seidel an mich ein älterer Herr namens Bierlich anfrug, ob ich es für ratsam hielte, in Los Angeles sein Heim aufzuschlagen, denn er sei Cellovirtuos, einstiges Mitglied der Metropolitan opera in New York, spiele auch Posaune und sehne sich recht nach einem südlichen Klima. Meine Antwort war wegen der großen Verantwortung eine durchaus entmutigende. Ausführlich wies ich auf den krassen Unverstand des Publikums im allgemeinen und auf die in jedem Falle entstehenden Miseren hin, die ihm nicht erspart bleiben würden, falls er nicht einiges Kapital mitbrächte, um sich dadurch vor direkter Not zu schützen. Mein Brief schloß dabei noch mit dem Satze, daß ich mich persönlich nur freuen würde, wenn Herr Bierlich trotz alledem es verantworten könnte, nach dem sonnigen Westen überzusiedeln.

Es dauerte nicht einmal einen Monat, da war der Herr mit samt seiner Familie angelangt und stellte sich mir sofort in meinem Studio vor. Nachdem wir das erste Mal zusammen musiziert hatten, war ich mir völlig klar, daß Herr Bierlich ein Virtuos der besten Art und auch ein ebensolcher Musiker war. An der Hand dieser mir nun zur Verfügung stehenden höchst brauchbaren Kräfte kam mir der Gedanke, ganz von selbst in der Stadt Los Angeles ein Konservatorium für Musik zu gründen. Nach dem Prinzipe: „Einigkeit macht stark", ließ sich auf gemeinschaftliche Kosten ganz gut ein System ausarbeiten, dank welchem jeder einzelne bei der Gründung Beteiligte für billiges Geld Unterrichtsräume und eine ständige und zugkräftige Reklame bezahlen konnte.

Bevor wir jedoch die Idee weiter entwickeln, erscheint es angezeigt, einiges über bereits vorhandene, der Kunst geweihte Institute zu erörtern.

In der schönen Stadt Los Angeles existierten zwei Theatergebäude. Das eine hieß Grand Opera House und war in der Mainstreet, während das andere, in der Springstreet befindliche den Namen Los

Angeles Theatre besaß. Jedes der beiden Häuser faßte zirka 700 Personen, doch während der meisten Zeit waren die Gebäude geschlossen. Reisende Truppen, meistens der heiteren Muse zugewandt, sowie auch sogenannte Nigger shows besetzten gelegentlich für eine Woche das eine oder andere dieser Theater. Manchmal war es auch eine reisende Orchestertruppe oder Operngesellschaft aus dem Osten, der sich die Tore öffneten. Hielten sich aber solche Institute zu lange dort auf, dann war es nicht selten, daß sie pleite gingen. An Konzertsälen stand in erster Linie Hazard Pavillon, eine sehr geräumige Holzhalle am Sixth street Park, in der jeden Frühling eine grandiose Orangen- und auch Blumenausstellung abgehalten wurde. Diese eignete sich ganz gut zur Abhaltung von Oratorienkonzerten. Hier hatten Gilmores Orchester, der große Trompetenvirtous Leoi und auch die Patti öfter einen Besuch abgestattet. Auf seiner Reise um die Welt hatte ebenfalls der mit mir später eng befreundete Geigerkönig August Wilhelmj in Hazards Pavillon die Menge entzückt. Außer dieser großen Halle gab es noch ein langes, aber etwas niedriges Lokal, Illinois hall genannt, welches im Konzertsalle ebenfalls 500 Personen zu fassen imstande war. Noch einige größere Kirchen eingerechnet, war dies so ungefähr alles, was bei öffentlichen Darbietungen in Frage kam. Wollte man eine größere Musikschule, bei der mit der Zeit auch ein Orchester sich entwickeln soll, ins Leben rufen, dann mußte man nächst der Erlangung von Lehrkräften auch über das Vorhandensein von geeigneten Lokalen für größere Aufführungen im klaren sein.

Wenn zwar noch viel Blasinstrumente fehlten, wie z. B. Fagott, Oboe, Horn, so lag das nur daran, daß für diese niemals bis jetzt eine Verwendung war. Mit der Zeit jedoch würde sich, so konnte man sicher annehmen, auch dafür Rat finden, wenn einmal ein wirklicher Anfang gemacht ist. Wochenlang war jetzt meine Hauptbeschäftigung, das zu gründende Konservatorium auf dem Papier auszuarbeiten. Neben dem Einzelunterricht in den vorhandenen Fächern sollten auch Klassen für Musikgeschichte, Harmonielehre und auch eine Chorklasse ins Leben gerufen werden. Später, das war mein größter Wunsch, sollte auch Los Angeles mit einer Oper beschert werden. Meine mitwirkenden Lehrkräfte waren von der Idee begeistert und im Dezember war es, als ich in dem Hause, wo ich wohnte und auch das Studio innehatte, noch die übrigen Räume alle mit hinzumietete, d. h. die obere lange Etage des nur aus Parterre (wo Läden waren) und einem Obergeschoß bestehenden Hauses. Durch Herausnahme einer Holzwand wurde aus zwei Zimmern ein kleiner Saal gemacht. Diejenigen Mitglieder, welche nicht verheiratet waren, wohnten als Mieter sodann in meinem Hause, an dem ich außerhalb in goldenen Lettern ein 22 Fuß langes Schild mit der Aufschrift: German Conservatory of Music anbringen ließ, das mich an Dollars mehr als das doppelte seiner Länge kostete.

So hatten wir nun im Ganzen für unsere Zwecke drei Lehrzimmer, ein Empfangszimmer und einen kleinen Saal, natürlich auch mit der nötigen Anzahl von zumeist gemieteten Instrumenten zur Verfügung. Einen Flügel von Decker Bros hatte ich außerdem auf Abzahlung angekauft.

Angesichts der in solcher Masse kontrahierten Schulden und Verbindlichkeiten wurde mir aber doch ein wenig flau zumute; denn wie sollte das alles bezahlt werden. Sich zurückziehen ging jetzt nicht mehr, und mit schweren Sorgen, die mir fast den Schlaf raubten, lief ich einher, mir selbst die bittersten Vorwürfe machend. Wenn auch nach der langen Zeit der Entbehrung und Entwürdigung die finanzielle Lage sich bedeutend verbessert hatte, war ich meinem alten Fehler gemäß wieder zu hoch hinausgegangen. Die Sache mußte demgemäß gleich im Anfange mit einem großen Krach enden. Und was dann? —

Da ereignete sich ein ganz merkwürdiger Fall, wie er nur in Amerika möglich ist. Wie bereits öfters erwähnt, nahm ich meine Mittags- und Abendmahlzeiten zumeist im Vienna Buffet ein, wo es gute deutsche Küche gab. Oft war es, daß sich dessen Besitzer Herr Kerkow dabei zu mir mit an den Tisch setzte und mir in angenehmer Weise Gesellschaft leistete. So erzählte er mir denn an einem dieser Tage, daß von seinen Musikanten der Klavierspieler Angelotti sich mit den anderen Ungarn überworfen hätte und nicht mehr bleiben wolle. Alle seitens seines Brotherrn gemachten Besänftigungsversuche waren an dem aufbrausenden Temperament des Angelotti abgeprallt und Kerkow war nun in Verlegenheit. In einer Weise, die Niemanden verletzen konnte, frug er jetzt mich, ob ich die freie Stelle übernehmen wollte, was ich aber entschieden ablehnte. Ohne dadurch beleidigt zu sein, redete mir der liebenswürdige Herr Kerkow (der durchaus ein feiner Mann zu nennen war), in warmen Worten zu: „Sehen

Sie, lieber Herr, das ist doch ein ganz ehrlicher Broterwerb. Sie sitzen dort oben und spielen und erhalten von mir täglich fünf schöne Dollars, Sonntags sogar sechs. Das macht 36 Dollar pro Woche." — „Ja, ja! mein lieber Herr Kerkow," erwiderte ich entschuldigend, „das klingt einerseits sehr verlockend. Ich kann doch aber nicht in einem Biersaloon spielen, gerade jetzt, wo ich endlich anfange, bekannt und anerkannt zu werden. Ich würde meine sämtlichen Schüler verlieren, zum mindesten aber die Prohibitionisten". — „Sie würden nicht einen verlieren. Bedenken Sie doch die schöne Einnahme, bei der Sie während des Tages alle Ihre Stunden bequem noch geben können und so mit Leichtigkeit 60—70 Dollar wöchentlich verdienen. Sie wollen übrigens ein Konservatorium gründen. Haben Sie sich denn auch die Kosten eines solchen Unternehmens überlegt, in die Sie sich doch nur im Vertrauen auf ihre p. p. Schüler stürzen. Wie unzuverlässig ist aber das Schülergeschäft! Wird jemand krank, dann fallen die Stunden aus und Sie bezahlen die Krankheit. Hier bei mir ist das etwas anderes; hier erhalten Sie Ihre 36 Dollar so regelmäßig, wie die Sonne aufgeht. Und wenn ich Ihnen für Ihr Konservatorium, mit dem ich als großer Musikfreund sehr sympathisiere, einen Vorschuß von hundert Dollar geben soll, dann tue ich das auch mit dem größten Vergnügen." — Am Ende der freundlichen Rede des gütigen Herrn war ich nach einem inneren Kampf besiegt und ganz beschämt antwortete ich: „Herr Kerkow, Sie sind wirklich unendlich gütig. Ich kann Ihnen nicht mehr nein sagen. Erlauben Sie mir, die Sache bis morgen zu überlegen. Ich will gleich früh nach Santa Monica zu Senators fahren und die Mr. Bones, die eine sehr vernünftige Dame ist, ganz offen um ihren freundschaftlichen Rat fragen. Sagt die Dame „ja", dann bin ich Ihr Mann und spiele auch gleich morgen abend, und werde Ihnen außerdem sehr dankbar sein für Ihre helfende Hand." — „All right," sagte Kerkow, „dann sehen wir uns also morgen".

Und so wurde es.

Mrs. Bones redete mir mit aller Entschiedenheit zu, versicherte mir auch auf ihr Wort, daß sie mir ihr Wohlwollen in keiner Weise vorenthalten würde.

Am selben Abende spielte ich bei Herrn Kerkow mit den Ungarn zusammen für fünf Dollar und warmes Abendbrot. Einen Vorschuß brauchte ich aber nicht. Als es aber Sonntag wurde und Miß Alice in Santa Monica ihre Stunde hatte, erhielt ich in dem reichen Hause der Frau Senator noch eine zweite ebenso kostspielige Schülerin zugewiesen. Mit einem Worte: Geld schien von allen Seiten zu kommen, dies war aber für mein Unternehmen auch Bedingung. Es brauchte jetzt mit der Eröffnung des Konservatoriums nicht mehr gezögert werden. Über hundert Einladungen wurden an alle Honoratioren der Stadt abgesandt. Das Haus wurde innen wie außen festlich geschmückt, wobei alle unsere Schüler eifrig mit behilflich waren. Und am 24. Dezember, am Vormittage des Weihnachtsabends (der übrigens in dem sommerlichen Klima gar nicht gefeiert wird) fand vor einer großen Menge von Gästen die feierliche Einweihung des zum größten Teile auf Pump eingerichteten German Conservatory of Music in aller

Form statt. Sämtliche Größen der Stadt waren erschienen: Der Bürgermeister mit Familie, der Gouverneur mit Frau und Töchtern, und auch meine Santa Monica Freunde. Alle Mitglieder der Society beglückwünschten mich aufs herzlichste. Meine genannte Fakultät hatte ich auf einem Podium placiert, wobei sich der alte Bierlich mit seinem ehrwürdigen grauen Bart brillant ausnahm. Festlich geschmückt saßen unsere sämtlichen Schüler davor. Dann folgte das Heer der Gäste, die sich der großen Anzahl wegen mit in die anstoßenden Lehrzimmer verteilten. Zu Anfang kamen einige musikalische Vorträge von unserer, der Lehrer Seite, wobei sich Herr Bierlich als Cellovirtuos glänzend einführte. Und nun kam unter feierlicher Stimmung meine Festrede, die, wie mir meine Kollegen nachher einstimmig versicherten, sehr mäßig gewesen sein soll, stellenweise sogar komisch gewirkt habe. Zum Schluß wurde ein großes Buch herumgereicht, worin sich die Erschienenen als Taufzeugen und Patrone einschrieben. Nun war das Konservatorium in aller Form eröffnet.

Am selbigen Abende aber spielte ich wieder mit anderen Biermusikern zusammen die gewohnten 16 Programmnummern im Vienna Buffet bei Kerkow, der nebst seiner jungen Gemahlin früh beim Eröffnungsakt ebenfalls erschienen war.

Zu Hause aber in der deutschen Heimat begingen meine Eltern und Geschwister unterm brennenden Christbaum das deutscheste aller Feste, das Weihnachtsfest.

IV.

Fernere Freuden und Leiden.

Schon eine Reihe von Wochen vor der Eröffnung der Musikschule hatte die Regenzeit ihren Einzug gehalten, die in der Regel Ende Oktober beginnt, um in wenigen Tagen schon der Landschaft Bild völlig zu verändern. Der vordem alles bedeckende Staub, der auf der Landstraße fußdick lag, war gelöscht. Die völlig verbrannt gewesene Prairie erblühte in frischem Grün, und die Blumen sproßen überall fast über Nacht hervor, sobald nach siebenmonatlicher Trockenheit der erste Regen gefallen war. Die neuen Triebe der Eukalyptusbäume blühten in allen Farben des Sonnenspektrums; die grandiosen Palmenwedel erhielten frischen Glanz. Es war, als wäre der Frühling angebrochen, obgleich man wußte, daß dies der Anfang vom Winter war. Ein kalifornischer Regen ist stets ein Ereignis, deren es während der Regenzeit nur vier oder höchstens fünf gibt.

Wenn auch niemals mit Gewitter verbunden (denn diese gibt es in der dortigen Gegend überhaupt nicht), so ist solch ein Regen stets von einer Heftigkeit, daß ein deutscher Wolkenbruch sich gut damit vergleichen läßt. Zwei derartige Güsse, deren jeder drei bis vier Tage gedauert hatte, waren bereits erfolgt. Und nach einer sechswöchentlichen Pause, währenddessen es auch unverhältnismäßig warm geworden war, trat im Februar der dritte Regen ein. Diesmal geschah das aber mit einer solchen Vehemenz und Ausdauer, daß bald die Leute in den Straßen mit Kähnen fahren konnten. Es regnete und regnete ohne Erbarmen, und nach ungefähr einer Woche waren sämtliche nach Los Angeles führenden Eisenbahnbrücken, die dort bekanntlich nur aus Holz gebaut sind, einfach weggewaschen. Sogar die kurzen Strecken nach Pasadena und Santa Monica waren unfahrbar geworden. So waren wir denn für drei volle Wochen von der Welt völlig abgeschnitten, da auch der Postdienst nach auswärts lahmgelegt war. Auch im Vienna Buffet, wo ich wöchentlich meine 36 Dollar verdiente, stand, weil das Lokal unter dem Niveau der Straße lag, das Wasser manneshoch. Durch die Straßen kamen mit der Zeit Holzhäuser, oder wenigstens Teile davon angeschwommen; und unser kleiner Fluß war zu einem mächtigen Strom angeschwollen, der alles mit sich fortriß. Drei volle Wochen dauerte diese Wassersnot, währenddessen natürlich kein einziger unserer Schüler zu uns ins Haus kam. Aber auch im Konservatorium war der Regen durch die Decke gedrungen und das Wasser lief in die Zimmer, kaum, daß man die Klaviere einigermaßen stützen konnte. Es goß un-

unterbrochen und die Situation war geradezu trostlos. Es kam hinzu, daß wir seit Beginn der Wasserkalamität einen uneingeladenen Gast bei uns hatten, der mir nun völlig auf dem Halse lag, von dem der Leser im vorigen Kapitel bereits gehört hat. Es war nämlich mein Pfefferbaumkollege. Diesem Ärmsten, Max Ellerich mit Namen, der als Chemiker natürlich nie Beschäftigung fand, war es mit Ausnahme einiger weniger Unterbrechungen nie gelungen, anstatt des Pfefferbaumes als Schlafstelle etwas Passenderes und Wasserdichteres zu finden und auf einen grüneren Zweig zu kommen. So war also in der betreffenden Nacht, als der Wolkenbruch einsetzte, der bereits vierzig Jahre zählende, kleine, untersetzte Mann von seinem Baume geflüchtet und unter strömendem Regen in seinen bis aufs bloße Fleisch durchgelaufenen Schuhen bis unter die offene Halle der Downey Avenue Post office gelaufen. Dabei waren ihm aber die Wassermassen so dicht vor dem Gesicht heruntergegossen, daß er sich beide Hände hohl vor die Nase halten mußte, um überhaupt Luft zu haben und nicht zu ertrinken.

Dort wartete er bis es hell wurde. Und nach Anbruch des Tages watete er von dem besagten Schutzpatron aus im Regen den langen Weg weiter, bis er wie aus einem Flusse gezogen, aber mit einem Zylinder auf dem Kopfe, etwa um sieben Uhr bei mir anlangte und mich um Hilfe ansprach. Jetzt erst lernte ich den werten Landsmann richtig kennen und bat ihn voll Mitleid, zunächst doch mal seinen triefenden Überzieher auszuziehen. Unter verlegenem Lächeln gestand er: „Ach, verzeihen Sie nur, das kann ich eigentlich nicht gut, ich habe nämlich gar keinen Rock darunter". Einen Rock, so nehme ich an, hatte Herr Ellerich jedenfalls einmal besessen. Jetzt aber bedeckte seinen Oberkörper statt dessen der besagte erbsgelbe Sommerüberzieher, unter welchem direkt die Weste zu sehen war. Ein Bad schien der Landsmann weniger nötig zu haben, denn das war ihm unterwegs schon von des Himmels Schleusen aus zur Genüge zuteil geworden. Selbstverständlich gab ich dem Bejammernswerten zunächst warme Kleider, worauf er in Gemeinschaft mit uns Junggesellen ein ordentliches Frühstück mit warmem Kaffee einnehmen konnte. Des weiteren wurde für ihn in einem der Lehrzimmer auf einem Sofa eine menschenwürdige Schlafstelle eingerichtet, so daß für alle seine Lebensbedürfnisse zunächst gesorgt war. Wir alle im Verein mußten unseren Gast vom Kopf bis zum Fuß neu ausstatten, denn er glich in der Hinsicht dem Weisen Bias, der alles Seinige mit sich trug, und wenn er aufsprang, sprang alles auf. Mitleid ist gewiß ein schönes Gefühl, und es tut wohl, Gelegenheit zu haben, die Not anderer zu lindern. Nur muß der Betreffende der Hilfe wert sein, man selbst muß aber auch die Mittel dazu besitzen. In jedem Falle hatte ich jetzt auf längere Zeit noch einen anderen zu ernähren, der aber, wie alle Chemiker, als sonst unpraktischer Mensch mir in keiner Weise vonnutzen sein konnte.

Da der Regen so lange anhielt, hörten die Einnahmen ganz auf und meine flüssigen Geldmittel waren sehr zusammengeschrumpft, so daß ich am Ende der Wasserperiode nur noch einige Dollar in der Tasche hatte. Nachdem aber Jupiter Pluvius endlich zu zürnen aufgehört hatte, standen wir vor einer dringenden und unerläßlichen Ausgabe. Denn unsere mit schmutzigen Füßen sehr vertrampelten Lehrzimmer des Konservatoriums bedurften unbedingt des Scheuerns und frischen Anstreichens. Ein Chinese, der solche Arbeiten ausführte, verlangte dafür dreißig Dollar, die ich nicht auftreiben konnte. Dabei war aber die Ölfarbe noch garnicht berechnet. Was blieb da also zu tun übrig? Die einzige Antwort konnte nur lauten: „Selbst ist der Mann". Und meine bei mir wohnende Fakultät redete ich folgendermaßen an: „Meine Herren, unsere Lehrzimmer befinden sich in einem skandalösen Zustande und müssen unbedingt gründlich gescheuert werden, und dann nach und nach angestrichen. Geld haben wir nicht, also müssen wir es selbst tun, und ich muß Sie alle bitten mit zuzugreifen. Es wird einen Hauptspaß geben! Herr Ellerich, unser ständiger Gast, den niemand kennt, kann dabei die Fenster putzen". — „Das sollte mir gerade noch einfallen," rief der Taugenichts, „ich bin ein gebildeter Mensch, bin Chemiker! Es ist eine Beleidigung, mir so was zuzumuten". — „Was?" sagte ich: „dann bitte machen Sie aber mal schleunigst, daß Sie die Treppe hinunterkommen! Sie elender Müssiggänger! Marsch vorwärts! Solches Lumpenpack verdient kein Mitleid. Rrraus damit!" Damit war er hinaus und ich hoffte, daß ihn der Kuckuck holen würde. Der Kerl gehörte wahrhaftig auf jenen Baum, wo der Pfeffer wächst. Abgesehen von der beispiellosen Undankbarkeit war der Kerl auch noch beleidigend, nennt sich mir gegenüber einen gebildeten Menschen, auf welchen Vorzug ich zum mindesten dasselbe Anrecht zu haben glaubte, wenn ich auch nicht Chemiker war. Von solchem Gesindel, die nicht arbeiten wollen, die nur einzig es ihrer Würde entsprechend halten, auf dem Felde sich zu betätigen, das sie einstmals erlernt hatten, gibt es im schönen Amerika eine große Menge. Und dort heißen sie: „Tramps“. Solche Leute kommen nie zu etwas, verdienen auch absolut kein Mitleid, und es wäre richtig, sie erbarmungslos dem Hungertode preiszugeben. Diese Menschen kommen, wenn sie einmal ins Elend geraten, nie wieder in die Höhe; dazu fehlt ihnen die Kraft und auch die Ambition. Denn sie gewöhnen sich mit der Zeit ans Elend. Ein Mann von Streben und Ehrgefühl kann eventuell zeitweise in eine derartig elende Lage kommen; bei dem ist dies aber nur eine Übergangsperiode, aus der er eher oder später sich wieder herausrappelt. Nun! Und ist es mir im ersten halben Jahre nicht ebenso ergangen? Habe ich nicht in demselben Elend mich befunden, als dieser Ellerich? Eine Auswahl der einzig durch die Notlage erwachsenen Abenteuer hat der Leser bereits erfahren. Doch sind dieselben kaum mehr als die Hälfte derer, die durchzumachen mir nicht erspart blieben. Diese Abenteuer hatten mich jedoch keineswegs niederzudrücken vermocht, oder mir meinen angeborenen Hang für Humor geraubt. Ganz im Gegenteil. Aber eins haben sie vermocht, und zwar mich selbständig zu machen. Das wahre Wort: „Arbeit schändet nicht!“ wird vom Amerikaner (das muß man ihm lassen) weit vorurteilsfreier behandelt, als bei uns in Deutschland oder auch in England. Und in Amerika wird es niemanden einfallen, die Nase über den zu rümpfen, der einstmalen niedere Arbeit hat tun müssen. Auch in Europa gibt es Müssiggänger. Ich glaube, es war der „Punch", der vor einiger Zeit den sehr drastischen Witz machte und sagte: „In Amerika heißen die Müssiggänger Tramps, in England heißen sie Lords".

Doch von dieser Abzweigung auf unsere Tagesfrage zurückkommend, muß gesagt werden, daß die Lehrer des Konservatoriums keine Tramps und auch keine Lords waren, sondern fröhlich zugriffen und sich der Arbeit nicht scheuten. Wir hatten nun verabredet, am kommenden Sonnabend nachmittag die gründliche Reinigung vorzunehmen, weil da keine Schüler zu erwarten standen. Zur gelegentlichen Stärkung bei der Arbeit wurde außer dem erforderlichen Material noch eine Gallone californischer Zinfandel angeschafft. Und unsere ältesten Beinkleider, sowie ein abgelegtes Hemd anziehend, machten wir uns allesamt an die Arbeit in kreuzfidelster Stimmung, uns dabei alle „Professor" titulierend, wie es dort landesüblich ist. Als aber diese eben ihren Anfang genommen hatte, kommt — wer hätte es für möglich gehalten — der Tramp Ellerich reumütig an. Er wollte gern die Fenster jetzt putzen und alles verlangte tun. Auch erinnerte er sich, eine große Beleidigung mit dem „gebildeten Menschen" gegen uns ausgesprochen zu haben, die er flehentlich bat, zurücknehmen zu dürfen usw. usw. Und wirklich war ich denn so schwach, den Hilflosen noch einmal aufzunehmen. Der Ellerich, den in der Stadt niemand kannte, konnte nun getrost sein schweres Amt als Fensterputzer verrichten. Und er tat es auch.

Die allgemeine Arbeit war im schönsten Gange und es mochte ungefähr gegen vier Uhr des Nachmittags gewesen sein, als es auf einmal klingelte. „Halt", sagte ich, „das kann höchstens eine Rechnung sein. Wir wollen uns nur recht ruhig verhalten, dann zieht der Kollektor wieder ab". Doch nach einer Weile klingelte es nochmals und wir horchten wieder gespannt. „Stoll", sagte ich, „sehen Sie doch mal recht vorsichtig durchs Schlüsselloch, wer da draußen ist". Professor Stoll schlich sich leise fort, schaute hindurch und flüsterte unter heftigem Gestikulieren: „Es sind zwei Damen, die wir aber nicht kennen". Sollte das etwa eine Schüleranmeldung bedeuten? Für eine Minute standen wir im Nachdenken vertieft. „Ach was", sagte ich schließlich, „in mir wird jetzt kein Mensch den Direktor der Anstalt vermuten, ich werde mal nachsehen". Und absichtlich geräuschvoll ging ich nach der Eingangstüre und schloß auf. Zwei junge Damen standen draußen, von denen die eine etwas unentschlossen anhub: „Wir wünschen den Direktor des Konservatoriums zu sprechen". — „Das tut mir sehr leid," erwiderte ich, „der ist jeden Sonnabend und Sonntag auf seinem Landsitz in Santa Monica". — „Wann können wir ihn sprechen?" — „Das weiß ich doch nicht auswendig. Doch halt, da wollen wir doch mal an dem gedruckten Plakat im Empfangszimmer nachsehen; ich glaube, so was von Sprechstunden steht darauf. Vielleicht wollen sich die Damen selbst überzeugen und nähertreten. Verzeihen Sie nur, hier ist groß Reinemachen usw. Der große Regen hat auch hier einigen Schaden angerichtet." Von mir geleitet, traten die Damen herein, während die bis jetzt hinter der Tür lauschenden Herren Professoren vor Lachen fast platzend in die anderen Zimmer flüchteten, wobei Seemann zum Überfluß noch einen Eimer umwarf. Mittlerweile hatten die Damen das Empfangszimmer erreicht, wo ich auf die gedruckte Karte an der Türe verwies: „Hier, meine Damen, können Sie selbst lesen. Die nächste Sprechstunde ist demnach Dienstag früh von 10 bis 11 Uhr". — „Da ist der Direktor auch selbst zu sprechen?" — „Ja gewiß. Ich würde den Damen aber anraten, möglichst früh zu erscheinen, weil in den beiden Sprechstunden Dienstag und Freitag immer so viele Leute auf ihn warten, daß er fast nie durchkommt und jedesmal der eine oder der andere vom Diener abgewiesen wird." — „Der Direktor ist doch ein Deutscher?" — „Jawohl, meine Damen." — „Wissen Sie, ob er viele Schüler hat?" — „O ja, von früh bis abend dauert das Geklimper, das Gesinge und das Geigengekratze. Wenn es nur immer die Schüler vom Boß (Chef) wären, die spielen ja schon viel besser. Denn die noch nicht vorgeschrittenen gibt er einer Dame zum vorbereiten." — „Ja, wissen Sie," sagte jetzt die ältere, welche glaubte, mich, den Hausdiener, genügend ausgehorcht zu haben, „meine jüngere Schwester will besseren Klavierunterricht nehmen, will aber absolut vom Direktor und von niemand anderem ausgebildet sein. Könnten Sie ihm das nicht womöglich vorher schon sagen?" — „Ich werde mein möglichstes tun," gab ich zur Antwort. Währenddessen holte dieselbe zwei Visitenkarten hervor: Cornelia Henderson und Lucy Henderson. Und indem sie mir die beiden Karten überreichte, fühlte ich gleichzeitig einen halben Dollar als Trinkgeld in meine Hand gleiten, den ich natürlich nicht zurückgeben konnte. Unter bestem Danke und nochmaliger Zusage, mein möglichstes tun zu wollen, rauschten die beiden jungen Damen zur Türe hinaus. Kaum war diese geschlossen, als die übrige Fakultät mit Malerpinseln und Scheuerbesen bewaffnet und vor verhaltenem Lachen bald berstend hervorkroch. „Hurra! Eine neue Schülerin," sagte ich, „am Dienstag früh werden die Damen in der Sprechstunde erscheinen. Daß die mich nur nicht wiedererkennen!" —

Der Dienstag kam. Angesichts der derben Aufschneiderei vom vergangenen Sonnabend über den Grad unserer Beschäftigung war es durchaus notwendig, auch jetzt beim Empfange der Damen für etwas Staffage zu sorgen. Denn ein eventueller Verdacht des Wiedererkennens würde auf diese Art weniger wahrscheinlich sein. Es wurden daher auf halb zehn Uhr einige in unsere Verhältnisse eingeweihte Freunde und Freundinnen in mein Wartezimmer bestellt, um dort durch ihre Gegenwart dem Ganzen einen recht geschäftlichen Anstrich zu geben. Unter den besagten Herren befand sich auch der Bernhard Loewy, welcher schon lange meinem Institut einen Besuch hatte machen wollen. Natürlich gab diese Komödie Anlaß zu den schönsten Witzen, bis wir punkt zehn Uhr durch die heruntergelassene Fenstermarquise sahen, wie beide Damen direkt vor dem Hause aus der Cablebahn ausstiegen. Auf den Ruf: „Still! sie kommen!" ging jeder auf seinen Platz. Gleich darauf klingelte es; und Ellerich, der sich als improvisierter Diener brillant ausnahm, öffnete die Tür, die beiden Hendersens ins vollbesetzte Wartezimmer führend, wo bereits mit gelangweilten Gesichtern ungefähr sechs Personen warteten. Die abgegebenen Karten wurden sodann auf versilbertem Brett durch den Ellerich hereingebracht. Einige weitere Minuten später rief der letztere laut ins Wartezimmer: „Nr. 4. Miß Helmbold, bitte!" Die Gerufene trat herein. Mit dieser mir seit langem bekannten Dame wurden weitere zehn Minuten verplaudert, währenddessen ich gelegentlich an das Klavier ging und mit absichtlicher Mangelhaftigkeit einen Clementischen Sonatensatz abklimperte. Nach Ertönen meiner Glocke trat Ellerich wiederum ins Direktorialzimmer, während ich ihm bei noch offener Tür zurief: „Tragen Sie diese Dame ein als Schülerin für Miß Kent, Donnerstag um elf Uhr. Weiter! Wer kommt jetzt?" — Jetzt wurde als Nr. 5 Herr Loewy hereingeführt, mit dem zusammen ich mich hätte vor lachen ausschütten mögen darüber, daß die ganze Komödie so vortrefflich klappte. War er ja doch ursprünglich derjenige, welcher den Ulk erst vorgeschlagen und in Szene gesetzt hatte. Nach flüchtiger Musterung der ganzen Einrichtung sagte er dann: „Freund, Sie haben wahrhaftig mehr als Klavierspielen und Hausieren gelernt". — „Stimmt," sagte ich diesmal, „und Scheuern auch noch dazu und Fußböden anstreichen. Sehen Sie nur mal her, das haben wir alles selbst gemacht am vergangenen Sonnabend. Doch, apropos, was macht denn jetzt Ihr Bildergeschäft?" — „O, das blüht," erwiderte er. „Allerdings ist eine kleine Änderung damit eingetreten, denn die Polizei hat sich hineingemengt und hat der Southern Pacific Portrait Co. den Betrieb zwar nicht direkt untersagt, aber anempfohlen, auf diese Art einzustellen. Natürlich hat auch das Publikum davon erfahren, denn die Sache wurde in der Zeitung behandelt. Jeder weiß, daß es keine Cragous sind, sondern Lichtdrucke. Wissen Sie, was wir nun getan haben? Wir haben unseren Krempel zusammengepackt, haben die Firma umgetauft und sind in eine andere Straße gezogen und das Geschäft geht genau so wie zuvor. Unsere Agenten sagen jetzt überall wo sie hinkommen, daß wir, die neue Korporation, diejenigen gewesen sind, die die Schwindelbande, die S. P. Portrait Co. aufgedeckt haben. Mir selbst aber gefiel die Sache nicht mehr, und sind wir, Heller und ich, ausgetreten, denn es ist uns doch für die Dauer als ein zu unsauberes Geschäft vorgekommen. Ich habe aber jetzt ganz andere und ganz solide Pläne. Im nächsten Herbst will ich ein deutsches Theater hier gründen. Jeden Sonntag soll gespielt werden. Ich nehme dann entweder das Grand opera house oder das Los Angeles Theatre. Herr Ascher aus Deutschland, der ein vorzüglicher Schauspieler ist und früher am Berliner Viktoria-Theater engagiert war, wird herüber zu uns kommen und unser Regisseur sein. Vielleicht machen Sie selbst mit dabei, denn ich glaube, Sie eignen sich auch zum Schauspieler." — „Na, wir wollen mal sehen", sagte ich, „vorläufig haben wir aber zu viel Zeit schon verschwatzt. Bitte, singen Sie also zum Schein mal einige Töne, eine Tonleiter oder so was". — Nach diesen Worten ließ ich die Glocke wiederum ertönen und dem eintretenden Ellerich rief ich entgegen: „Rufen Sie Professer Stoll aus seinem Zimmer, er möchte einen Herrn auf Stimme probieren!" — Stoll trat ein und nach Überwindung eines krampfartigen Lachanfalls setzte] er sich an das Klavier und schlug einen C-dur Akkord an und sang die Skala: La! la, la, la, la, la, la, Laaaa! Loewy ahmte es nach. Dann dasselbe in Des-dur, dann in D. usw.

Nach dieser Prüfung verschwanden die beiden, und nun endlich, fünf Minuten vor elf Uhr, wurde das arme Schwesternpaar Henderson hereingeführt, worauf ich mit ernster Miene sie bat, Platz zu nehmen. Die Jüngere spielte etwas vor. Ganz nett. Ich gab ihr darauf gratis einige verblüffende Winke, was von beiden Damen als sehr freigebig anerkannt wurde. Auch die Ältere setzte sich hin und spielte etwas, worauf ich sie sanft auf einen Nebenstuhl geleitete und ihr das betreffende Stück auswendig auf meine Art vorspielte und erörterte, wie der Hauptreiz beim Spiel im Anschlag liege, daß man das Ohr gerade dafür verfeinern müsse, usw. Als die Damen mich nach fast einer halben Stunde verließen, hatte ich nicht eine, sondern zwei neue Schülerinnen mir erobert, die mir später sogar liebe Freundinnen wurden. Der Erfolg konnte nicht besser gewesen sein. Und der Gedanke, daß die beiden Damen in mir den Anstreicher vom Sonnabend wiedererkannt hatten, war ausgeschlossen. Dies umsomehr, als ich am vergangenen Sonnabend mich absichtlich eines recht holperigen Englisch bei der Unterhaltung befleißigt hatte, diesmal aber in der Sprache der Gebildeten unterhandelte.

Der Leser wird unzweifelhaft über das Komödiantenhafte des ganzen Falles lächeln, und auch nicht mit unrecht. Er möge aber nicht vergessen, daß der Ort der Handlung der Westen von Amerika war, wo derartige Tricks ihre Wirkung nie verfehlen. Jeder macht es dort ebenso. Ein wenig Humbug hat der

Amerikaner ganz gern, denn das wirkt dort interessant. Es gibt ja sogar eine amerikanische Redensart, die heißt: „The Amerikans like to be humbugged". Auf deutsch: „Der Amerikaner liebt es, ein wenig betrogen zu sein". Tritt dann einmal bei Gelegenheit ein derartiger geschäftlicher Betrieb, wie wir ihn in der Sprechstunde mit dem Schwesternpaar Henderson — zum Teil auch des Ulkes halber — in Szene setzten, in die Öffentlichkeit und wird bekannt, dann sagt der Amerikaner höchstens lächelnd: „Der ist schlau, der versteht sein Geschäft". Wer weiß, ob in ähnlicher Weise es nicht bei neuetablierten Ärzten auch in Deutschland manchmal so gemacht wird, damit diese beim Publikum als sehr beschäftigt gelten sollen? — Das Publikum richtet sich ja eben nur allzugern nach dem Sprichwort: „Wo Tauben sind, fliegen Tauben zu". Direkt betrogen wird ja dadurch niemand. Und in solchen Dingen ist gerade der Amerikaner als tolerantester und vorurteilsfreiester Erdenbürger bekannt. Auch jede noch so untergeordnete Arbeit schändet in den Augen der Amerikaner nicht, falls sich der Betreffende nur sonst als Gentleman beträgt. So zum Beispiel hatten nach und nach die meisten von meiner Tätigkeit im Vienna Buffet erfahren, ohne darüber die Nase zu rümpfen. Vielleicht, daß ich die eventuell sehr fragliche Patronage einiger eingefleischter Prohibitionisten nicht erhalten habe. Aber auch unter meinen Schülern waren verschiedene, die zu der Fahne der absoluten Abstinenz schworen, wie zum Beispiel die Greens, die sich eher hätten ein Loch ins Knie bohren oder totschlagen lassen, als daß sie je ein geistiges Getränk genossen hätten, selbst nicht auf dringenden Rat eines Arztes. Bestand nicht das so herrlich gelegene, nahe Städtchen Pasadena ausschließlich aus solchen hohlköpfigen Fanatikern, die aus der Prohibition eine religiöse Sache machen, indem sie ganze Sekten bilden — ohne Sekt natürlich, — Leute, die sich Christen nennen, die aber den Christus selbst nicht als vollkommenes Vorbild anerkennen, weil er bei der Hochzeit von Kanaan aus Wasser Wein gemacht haben soll. Und das nennen sich gebildete Menschen! So absurd dieser Standpunkt auch ist, gibt es doch im herrlich schönen Amerika nicht nur Städte, sondern ganze Staaten, wo kein Wein, kein Likör, kein Bier verkauft wird, oder getrunken werden darf. Jemand, der es wagen würde, dort geistige Getränke einzuschmuggeln, riskierte, mit Gefängnis bestraft zu werden. Und ein derartiger Verbrecher leidet an Aussehen genau ebenso, als etwa jemand bei uns, der durch Wechselfälschung seine alten Eltern um ihr Vermögen gebracht hat. Unglaublich, aber wahr! Daß Städte wie Pasadena aus dem Grunde nicht prosperieren, ist ja ganz selbstverständlich. Und wie sich die Ortschaften sondern, in solche der Abstinenzler und solche der Biertrinker, so sondern sich in gleicher Weise auch die Gesellschaftskreise, und die einen verkehren fast nie mit den anderen.

Von dieser Abschweifung auf unser Konservatorium zurückkommend sei erwähnt, daß sich dieses nach und nach finanziell wieder erholte, daß es uns aber an Neidern bald nicht mangelte. Und besonders war es die liebe Kollegialität, die ihren Empfindungen darüber zuweilen durch bissige Bemerkungen Luft machte. Unser Institut und dessen Mitangehörige waren manchmal Verulkungen ausgesetzt, über die wir selbst herzlich lachen mußten. Und ließen sich mal zwei oder drei von uns Lehrern zusammen auf der Straße blicken, hörte man vielleicht: „Ah, da kommt ja die ganze Fakultät". Derartige Sticheleien hatten aber nur den Effekt, daß wir danach strebten, sobald als möglich mit guten Leistungen in die Öffentlichkeit zu treten. Zunächst wurde beschlossen, alle vierzehn Tage an Montag Abenden Vorträge im Konservatorium einzurichten, an denen sich Lehrer und Schüler betätigen sollten. Für diese Vortragsabende wurden gedruckte Einladungen massenhaft versandt. Nach und nach wurde der Besuch dabei immer zahlreicher und auch die Presse brachte jeden Dienstag Artikel über die Darbietungen und die Ausübenden. Der Gedanke, jetzt, wo die Schüler sich an Zahl mehrten und auch die Leistungen beachtenswerter wurden, ein großes öffentliches Konzert zu veranstalten, kam jedem von uns ziemlich gleichzeitig. Und bei den Schülern fand diese Idee viel Anklang. Fast jedes erbot sich, eine gewisse Anzahl von Billetts zu verkaufen. Auch einige der gesanglich oder instrumental als Vortragende in Frage kommenden taten durch fleißiges Üben und viele Extrastunden ihr Bestes, den Lehrern möglichst viel Ehre zu machen. Mit einem Worte: die Konzertidee fand allgemeinen Beifall. und da dieselbe sicherlich ein gutes Stück wirksame Reklame bedeutete, so mietete ich für einen bestimmten Tag die Illinois Hall in der Springstreet und begann sofort mit der Annoncierung in den Blättern und ließ die Billetts drucken.

Leider aber wurde zu der Zeit unser Cellist, der alte Herr Bierlich, krank. Es blieben somit als

Solisten Herr Stoll und Herr Seemann übrig, denen ich, weil sie arme Kerle waren, für ihre Mitwirkung 10 Dollar zu zahlen in Aussicht stellte. Auf vieles Drängen unserer Schüler, etwas größeres von Wagner zu bringen, bereitete ich Herrn Stoll vor, zu meiner Klavierbegleitung die Partie des Wotan im Feuerzauber zu singen, wofür sich dessen schöne Baritonstimme gut eignete. Gewiß war dies für das dortige Publikum eine gewagte Sache, weshalb ich zum Zwecke der textlichen Erläuterung einen Herrn Richard Weiler engagierte, der in ganz guter englischer Rede den Zusammenhang dem Publikum vorher beschrieb. Herr Seemann hatte das neunte Konzert von Beriôt aufs Programm gesetzt und eine meiner Schülerinnen war zur Begleitung des Werkes auserkoren. Ein Damenterzett aus der Klasse des Herrn Stoll sang Mendelssohns „Hebe deine Augen auf“ und als Schlußnummer stand meines unterdessen meuchlings ermordeten Freundes, Adolf Gunkels Spielmannslied für Gesang, Violine und Klavier auf dem Programm. Es wurde fleißig geprobt und fleißig ging auch der Billettverkauf. Da, einige Tage vor dem Konzert, hörte ich die Herren Stoll und Seemann sich äußern, daß sie beide keine Fracks besäßen und daß das Leihen eines solchen Festgewandes in der London Clothing Co. drei Dollar koste. Selbstverständlich mußte jeder Solist im Frack erscheinen, das war ausgemachte Sache. So entschlossen sich denn die beiden, auf gemeinschaftliche Kosten sich ein solches Kleidungsstück zu leihen und es abwechselnd anzuziehen.

Mit den Vorbereitungen des Konzertes zu sehr in Anspruch genommen, war es mir nicht gut möglich, mich um diese Nebensache weiter zu kümmern, und so kam schließlich der Tag des Konzertes. Das Publikum war zahlreich erschienen und wir fingen pünktlich an mit einem Klavierduett, das von zwei jungen Damen recht flott vorgetragen wurde. Die Zuhörerschaft, unter der zwei freudestrahlende Mütter saßen, applaudierte die beiden hübschen Mädels aufs lebhafteste. Und nun sollte Seemann kommen und das Beriôtkonzert spielen. Doch was war denn in die beiden Solisten gefahren? Die kamen ja wie auf Verabredung im Albertrock! „Wo haben Sie denn, zum Donnerwetter, Ihren Kompagniefrack?" fragte ich. „Den erwarten wir jeden Augenblick", sagte Seemann, „ich begreife nicht, wo der Bote damit bleibt". Wir blickten vom Künstlerzimmer aus auf die Straße hinunter, aber niemand war zu erspähen auf der schnurgeraden Straße, der einen Frack hätte bringen können. Warten konnten wir aber keinesfalls länger und so sagte ich: „Seemann! Sie müssen eben dann meinen Frack anziehen, das geht nicht anders". Schnell wurde das Umziehen der Röcke bewirkt und das Programm nahm seinen ungestörten Fortgang, bis nach einer Weile Herr Stoll an die Reihe kam und, da auch dann noch kein Frack angelangt war, in dem meinigen einige Lieder sang. Unterdessen war nun auch Herrn Weilers Rede an die Reihe gekommen, zu deren äußerer Ausstattung ein kleiner Tisch mit dem obligaten Glas Zuckerwasser auf das Podium gerückt wurde. Am richtigsten wäre es gewesen, Stoll und ich hätten uns währenddessen schon auf dem Podium placiert, um gleich nach Weilers letztem Worte mit der Musik zu beginnen. Doch fehlte uns dafür ein einziger Frack. Herr Weiler begann, während ich hinter der Szene seinen Worten lauschte. Bald sollte die Musik anfangen, als ich Herrn Stoll ganz verzweifelt und händeringend in Hemdsärmeln hinter der Bühne herumlaufen sah. „Stoll!", rief ich, „was haben Sie denn? Ziehen Sie doch den Frack an und nehmen Sie Ihre Noten, wir kommen gleich dran". — „Ja doch, ich suche den Seemann." — „Na zum Kuckuck, lassen Sie doch den Seemann jetzt, Sie müssen doch mit mir singen." — „Lieber Himmel, ja, aber der Seemann hat Ihren Frack an und ist nirgends zu finden." Wir suchten und suchten, aber Seemann nebst Frack waren fort. Unterdessen war Herr Weiler fertig geworden und wurde heftig applaudiert und nochmals hervorgerufen.

Schlimmes ahnend ließ ich jetzt den Vorhang herunter und den kleinen Tisch wegräumen. Durch das Mittelloch im Vorhang entdeckte ich nach langem Suchen unten im Publikum den gedankenlosen Seemann, wie er sorglos plaudernd inmitten einiger Schülerinnen sitzt. Schleunigst wurde er heraufzitiert, wo er sich bei seiner Ankunft noch darüber aufhielt, daß wir eine solch lange Pause machten. „Aber Sie Unmensch haben ja meinen Frack an!" — „Ach so, Pardon!" Schnell wurde ihm das Ding vom Leibe gerissen und vom Eigentümer angezogen. Herr Stoll hatte unterdessen Herrn Weilers viel zu weiten Frack auf dem Leibe, und einige Sekunden später donnerte das imposante Finale von Richard Wagners Walküre mächtig in die Halle hinaus. Wir beiden Ausübenden wurden nach der langen anstrengenden Nummer mit einem stürmischen Applaus gelohnt. Wagners herrliche Musik hatte an dem Abende den Hauptsieg davongetragen. Hatten wir doch bereits dafür schon damals eine gewisse Anhängerschaft herangebildet. Soweit hatte das Konzert trotz bedrohlicher Hindernisse famos geklappt und das Publikum war in gehobener, befriedigter Stimmung. Aber Adolf Gunkels Spielmannslied mußte an dem Abende aus Mangel an Fracks ausfallen. Der Leihfrack mußte vergessen worden sein, wenigstens war er an dem Abende überhaupt nicht angekommen. Als wir aber nach dem Konzert zu dem für einige Stunden völlig verlassen gewesenen Konservatorium zurückkehrten, löste sich das Rätsel: An der Schiefertafel vor der Sprechzimmertür prankte eine Notiz, daß jemand mit einem Frack dort gewesen war, um denselben abzuliefern, aber niemand angetroffen habe. — Schlau! —

Das soeben geschilderte Konzert, mit welchem auch der Schluß der Saison so ziemlich zusammenfiel, hatte seine Erfolge keineswegs verfehlt. Es erbrachte den unumstößlichen Beweis, daß das Institut nunmehr keine vorübergehende Erscheinung war. Und auch unsere Neider mußten sich darein finden, mit dem Konservatorium als mit etwas fortan Bestehendem zu rechnen. Ob dasselbe im allgemeinen sehr beliebt war oder nicht, das konnten wir selbst schwer beurteilen. Jedenfalls aber war es seinem Zwecke dienend, indem es ermöglichte, musikalischen Sinn zu erwecken und weiterzubilden, sowie uns mehr oder weniger zu ernähren. Als ein Beweis gewisser Anerkennung ereignete es sich nicht selten, daß Schüler der Anstalt bei anderweitigen Veranstaltungen zur Mitwirkung hinzugezogen wurden, was wir gern erlaubten, falls deren Leistungen uns Ehre machen konnten. Eine besondere Freude und auch Empfehlung war es aber, als eine junge Dame, die bei uns Gesang studierte, als Opernsängerin bei einer großen Truppe im Osten unter günstigen Bedingungen engagiert wurde.

Meine Tätigkeit im Vienna Buffet hatte schon seit längerer Zeit aufgehört. Angesichts des guten Renommees der Musikschule war das auch so besser. Man solle aber ja nicht denken, daß wir allesamt nun gesichert dastanden, umsomehr als der heiße Sommer vor der Tür stand und abgesehen von einigen Privatstunden das Konservatorium für Monate als geschlossen galt. Doch jedes Ding hat zwei Seiten. Denn durch die geringere Lehrtätigkeit war Zeit und Muße zum Komponieren geschaffen, wie auch zur schriftlichen Niederlegung einiger neugemachter Entdeckungen auf dem Gebiete der Harmonielehre, wozu besondere Ruhe nötig war.

V.

Streifzüge in der Umgebung.

ie im Fluge waren bei der konstanten Arbeit Regenzeit und Frühling vergangen. Der Sommer mit seiner alles versengenden Glut hatte seinen Einzug bereits gehalten. Während zu Hause in Deutschland zu dieser Zeit alle Blumen sprießen und die Bäume frisches Grün austreiben, bietet sich in Süd-Californien ein weit anderes Bild. Seit April erstrahlte der Himmel in ewigem Blau. einen Tag wie den anderen, ohne daß auch nur eine einzige mitleidige Wolke die in steter Glut erzitternde Erdoberfläche für einen Moment beschattete, geschweige denn, daß einmal ein Gewitter die Luft abkühlte, denn solche kommen dort überhaupt nicht vor. Für sieben Monate lang stand kein Regen zu erwarten und zu Anfang Juli waren Wiesen und Prärie bereits gelb gebrannt und hatten die Farbe wie reife Kornfelder. Auf der Landstraße war der Staub fuß-

dick und jeder vorüberfahrende Wagen verursachte mit seinen Rädern hinter sich eine Staubflut gleich dem Wasserstrom eines Sprengwagens. Dem Fußgänger sind daher die Schuhe und der untere Teil der Beinkleider mit Staub dick bedeckt. Und es ist darum eine angenehme Sitte bei den Californiern, daß jeder vor seiner Haustür außerhalb einen großen Flederwisch aushängt, mit welchem sich jeder Besuch, noch ehe er klingelt, die unteren Extremitäten abstäuben kann. Das Thermometer zeigte häufig 100 bis 110 Grad Schattenwärme (Fahrenheit), aber auch 115 bis 118 Grad kamen zuweilen vor. Infolge der so großen Hitze war Los Angeles zur Sommerszeit halb ausgestorben. Wer irgendwie konnte, flüchtete sich für längere oder kürzere Zeit an die See oder in die Berge.

In der Zeit wimmelte die Umgebung von Santa Monica, von Redondo oder San Pedro von Zelten, die manchmal eine ganze Familie beherbergten. Jeder suchte sich eben ein Fleckchen nach Belieben aus, baute dort sein Zelt auf, in welchem gegessen und geschlafen wurde. Der ganze Tag wurde durch Baden, Romanelesen oder Nichtstun angenehm verbracht. Regen gab es mit Bestimmtheit keinen, es konnte also von einem „Ausgewaschenwerden" nie die Rede sein.

Ein besonders beliebter Ausflugsort, an dem ein im gleichen Maße ungezwungenes Leben geführt werden konnte, war die kleine Insel Catalina, die von San Pedro aus in einigen Stunden per Schiff zu erreichen war. Ein kleiner Salondampfer namens Falkon machte die Seefahrt täglich mehreremal und der Ozean war immer so glatt wie ein Dorfteich. Die Insel Catalina lag 28 Meilen von der Küste entfernt. Ihre eigene Länge betrug etwa 20 engl. Meilen bei einer Breite von 4—5 Meilen.

Wer von den zahlreichen Sommergästen im Hotel Monopol, dem einzigen auf der Insel, nicht mehr Platz fand, der schlug sich eben im Freien bei Mutter Grün ein Zelt auf, das er sich in einem Storehaus für $2^1/_2$ Dollar pro Woche leihen konnte, wenn er es nicht selbst mitbrachte.

Der größte Teil der Insel ist mit hohen und steilen Bergen besetzt, deren Gipfel zumeist nur mit Präriegesträuch und Kakteen bewachsen sind. Außer einem kleinen, fast versandeten Bach auf der Südhälfte der Insel ist dort nirgends Wasser zu finden. Steil abfallende tiefe Schluchten, die sich labyrinthartig hinziehen, zerklüften in großer Anzahl das wilde Felsengebirge, dessen Inneres zu erforschen doch nicht ganz ohne Gefahr sein soll. Denn wiederholt war es passiert, daß sich Touristen aus den unheimlichen Schluchten nicht wieder herausgefunden haben und nach tagelangem Umherirren verhungert und verdurstet sind. Kein Hilferuf konnte ein menschliches Ohr erreichen, denn dauernd wohnte auf der Catalinen-Insel niemand. Als die eigentlichen Bewohner derselben kamen in erster Reihe wilde Ziegen und Schafe in Betracht, die zu erlegen zuweilen einigen Touristen gelang. Doch der ärgste Feind dieser harmlosen Tiere war auch vertreten: der „mountain lion", der amerikanische Löwe, eine Art wilde Katze, die etwa die Größe eines Pudels hat und vom Raube lebt, dem Menschen aber (wenigstens nach meiner Meinung) kaum gefährlich wird. Die in ganz Amerika vertretene Klapperschlange war gleichfalls sehr zahlreich vorhanden.

An den von Kakteen, Sikomoren, Präriegehölz und gelegentlichen Palmen dicht bewachsenen Schluchten findet sich dort leider sehr häufig ein recht unheimlicher Strauch, „poison oak" genannt, deutsch „giftige Eiche". Wenn auch in den ganzen Weststaaten nicht selten, ist dieser verpönte Strauch nirgends so stark vertreten, als auf der Catalinen-Insel. Auf manche Menschen wirkt der bloße Geruch des Strauches sofort lähmend oder betäubend, während eine Berührung mit demselben zuweilen schwere Blutvergiftung, Fieber und Delirium hervorbringen soll und manchmal monatelange üble Folgen nach sich zieht. Besonders dafür empfängliche Personen bekommen beim bloßen Anblick dieser verruchten Pflanze — und das habe ich mit eigenen Augen gesehen — eine Art Schüttelfrost und wenden schaudernd den Blick davon ab. Es klingt dies beinahe wie ein Märchen, ist aber nackte Tatsache, obgleich ich von meiner Person behaupten kann, daß mir selbst ein wiederholtes längeres Betrachten des poison oak in keiner Weise zu einem Übelbefinden Veranlassung gab. Angerührt habe ich einen solchen Strauch bewußtermaßen allerdings nicht.

Trotz dieser Übelstände, zu denen sich auch große Hitze gesellt, hat die Insel Catalina dennoch gewisse Vorzüge, die eine Menge staubesmüde Touristen, sowie auch zu Anfang Juli meine Wenigkeit zu einem mehrwöchentlichen Besuche heranzog. An Sonntagen wimmelte die Insel besonders von Tagesgästen, die am selben Nachmittage wieder heimwärts dampften. Denn die Seefahrt dahin war ja allein schon herrlich, wie auch das damit verbundene Herannahen an die wie ein Gebirge direkt im Wasser liegende Insel. Nur zuletzt erspäht da das Auge die von hohen Felsen umschlossene, kleine Bay in Hufeisenform mit Avalon, dem einzigen Hafenplatz. Hier ist das Wasser tief bis heran an die Mole. Das stets ruhige Gestade ohne Brandung ermöglicht einem Kahnfahrer dort, wie nur selten, einen Einblick in die Tiefen des Meeres. Denn dort unten erschaut man ebenfalls Berge und Täler, Sand und Felsen, die hier und da mit bunten Korallen, mit eigenartigem Strauchwerk und fantastisch geformten Muscheln bedeckt sind. Teils rosa, teils hellblau glitzernde Quallen und sonstige Seetiere sind immer sichtbar und herrlich schöne Goldfische durchschlängeln in eleganten Bewegungen die dort unten in der Tiefe befindlichen Wälder. Stundenlang könnte man dort in die stillen Fluten hinabblicken, ohne müde davon zu werden. Hat doch der geheimnisvolle Meeresboden einen großen Reiz für die menschliche Phantasie, wenn man so von oben hinabschaut. Sagen von Vineta, von der Loreley, von der Meermaid ziehen dabei durch den Sinn; man ist entzückt, ist in einer anderen Welt. —

Das einzige, richtige Gebäude auf Santa Catalina war das Hotel Metropole, das für etwa fünfzig Personen Unterkunft gewähren konnte und am Strande direkt vor der Landungsmole lag. Außer diesem gab es ein storehouse, wo alles mögliche zu kaufen war, und noch zwei oder drei lange Eßzelte. Das vorn am Ufer der Bay ziemlich breite Tal war mit etwa hundert Zelten bedeckt, die bis nach den Anhöhen hinauf sich erstreckten. Nach dem Inneren der Insel zu stieg das Tal allmählich an und verengte sich zu einer meilenlangen Schlucht, durch welche der vorerwähnte kleine Bach in der Mitte zur Küste hinunterfloß.

Ging es auf den Anhöhen ruhiger zu, so war doch an der Küste viel Leben. Hier war der allgemeine Badeplatz, der sich aber wegen seiner schnell abfallenden Tiefe mehr für Schwimmer als für Nichtschwimmer eignete. Hier gab es viele Kähne aller Art und Segelboote zu jedermanns Benutzung. Jedesmal wenn der Falkon von San Pedro kam, rannte alles im Strand- oder Badekostüm herbei, um zu sehen, wer noch hinzugekommen war.

Ich hatte mir von Los Angeles ein Zelt nebst Hängematte mitgebracht, dazu auch einen Feldstuhl. Auf der linksseitigen Anhöhe, ungefähr hundert Fuß über dem Meere, hatte ich das Zelt in der bekannten Weise aufgeschlagen. Hier war es herrlich; man hatte einen weiten Blick aufs schöne blaue Meer und konnte ganz deutlich alle die bekannten Berge der Heimat erkennen. Diese liebgewordenen Höhenlinien, die, wenn auch weit entfernt, mir dennoch einen steten Gruß zuzuwinken schienen über die leuchtende Ozeanfläche. Wie greifbar nahe und deutlich erkannte man den schneebedeckten Gipfel des 13000 Fuß hohen Old Baldy, der von der Insel aus eine Entfernung von 120 Meilen Luftlinie hat (quasi: Dresden—Stettin). Links davon lag die lange Kette mit dem Disappointment Peak. Und auf dem Wilsons Peak — wahrhaftig — sah man als blendenden

Lichtpunkt für eine kurze Zeit am Nachmittage das helle Zinkdach des von der Sonne beschienenen Observatoriums.

Von der Küste, oder von den Städten des von mir so geliebten Californien konnte man natürlich nichts sehen, denn dafür war die Erdrundung bereits eine zu beträchtliche.

Am Tage nach meiner Ankunft war der vierte Juli, Amerikas größter Festtag, an dem die Unabhängigkeit der Vereinigten Staaten erklärt und die englische Oberherrschaft abgeschüttelt war. An dem Tage steht ganz Amerika geradezu auf dem Kopf. Der vierte Juli ist der geräuschvollste Tag im ganzen Jahre, alle Art Feuerwerk und Böllerschüsse werden losgebrannt. Da aber viele den Abend nicht erwarten können bis es dunkel ist, hört man schon das Geknatter und Gebumse den ganzen Tag über auf der Straße, daß einem die armen Pferde leid tun, die ihres Zieles unbeirrt durch den Pulverdampf hindurchmüssen.

Auch auf der abgelegenen Catalinen-Insel ging der vierte Juli nicht spurlos vorüber, denn sämtliche Segelkähne waren beflaggt; und wer eine Fahne mit den bekannten Streifen und Sternen hatte, steckte sie an seinem Zelte auf. Am Abende war unten an der Strandpromenade ein fast haushoher Scheiterhaufen errichtet und, nachdem vorher einiges Feuerwerk seinen Zweck erfüllt hatte, unter allgemeiner Beteiligung als Schlußeffekt in Brand gesteckt. Wind war natürlich nicht vorhanden und so stieg in der an sich schon heißen Atmosphäre das Feuer bis zu einer Höhe von 200 Fuß hinan und bereitete einen geradezu pompösen Anblick. Als ich dann gegen zehn Uhr oben auf der Höhe bei meinem Zelte anlangte, war das Riesenfeuer noch lange nicht heruntergebrannt. Von seinem Scheine beleuchtet konnte ich mir nicht versagen, in der Einsamkeit einige hundert Fuß höher zu klettern, von wo ich am Tage die ganze Hochgebirgskette des Festlandes erblicken konnte. Es hatte sich wahrhaftig der Mühe verlohnt, denn von drüben herüber, übers weite Meer hinweg, das schwarz wie eine nasse Schiefertafel dalag, blinkten die Höhenfeuer von Wilsons Peak und noch einigen anderen erhöhten Punkten. Dies alles wirkte in der Stille erhebend schön.

Einige Tage nach meiner Ankunft auf der Insel entdeckte ich unten im Hotel ein ganz nettes Klavier und konnte ich es mir nicht versagen, zum eigenen Vergnügen etwas zu musizieren. In wenigen Minuten war der kleine Speisesaal von Zuhörern voll, und nun sollte ich womöglich für stundenlang alles mögliche auf Kommando einiger sich sonst langweilenden Damen vorspielen. Als ich dann nach einer guten Stunde aufbrach, vertrat mir der Wirt den Weg und lud mich zu einem feinen Frühstück ein. Bald kam das Gespräch auf das Musizieren. Er frug mich, ob ich nicht wolle jeden Tag, wenn es mir behagte, seinen Gästen etwas vortragen und bot mir dafür ein schönes Zimmer nebst voller Beköstigung inklusive Getränk und Wäsche an, ganz geschäftsmäßig wie die Amerikaner sind. Doch deswegen war ich nicht auf die Insel gekommen; denn das Bedürfnis, sich nach dem nun bereits jahrelangen Kampf ums Dasein einmal einige Wochen gründlich auszuruhen, war wohl berechtigt. Und so lehnte ich dankend ab, zwar mit der Zusage, gelegentlich mal mich ans Klavier zu setzen, aber ohne jede Verbindlichkeit. Wenn es auch nie möglich war, einmal selbst für eine Viertelstunde für mich allein zu musizieren, geschweige komponieren zu können, so hatte ich doch, sobald nur der Wunsch aufkam, Gesellschaft. Denn man brauchte sich eben nur ans Klavier zu setzen, das Publikum kam dann schon von selbst. Ja noch mehr, es meldete sich bei mir eine junge Dame als Schülerin für die ganze kommende Saison an. Auch der Wirt zeigte sich sehr erkenntlich und nicht selten sandte er mir, wenn ich eine Einladung im Hotel abgeschlagen hatte, durch seinen schwarzen Diener ein ganzes Menu mit meinen Lieblingsspeisen zu mir in mein Zelt hinauf. Ein freundlicher Brief war dieser Sendung stets beigegeben. Das klingt alles sehr nett, und war es auch wirklich. Aber das Bedürfnis der Ruhe war nur ein allzugroßes; und nichts war meinen Nerven dienlicher, als ganz allein auf den Bergen herumzuwandeln, deren Gipfel, da diese meistenteils ziemlich kahl, überall prächtige Aussicht boten.

Je höher ich stieg, desto weiter dehnte sich die schöne, blaue Ozeanfläche, auf der man hier und da die weißen Segel eines Fischerbootes erblickte, gelegentlich auch mal in weiter Ferne einen Dampfer. —

Jetzt muß aber doch der Falkon von San Pedro bereits abgegangen sein! Es ist längst 9 Uhr vorbei. Wahrhaftig, dort unterhalb der jetzt noch ganz verschleiert daliegenden Berge zeigt sich auf der Wasserlinie ein ganz winzig kleiner, schwarzer Punkt. Das ist der Falkon. Es dauert aber noch bis mittag, bis er, den man von so hoch oben nur sehen kann, bei uns Inselbewohnern landet. Nach einer weiteren halben Stunde ist das Pünktchen schon ein ganz klein wenig größer geworden, doch liegt noch eine lange, lange Strecke von der Sonne hell bestrahlter Flut dazwischen. Jetzt wirft der Dampfer eine Wolke schwarzen Rauch aus, aber nur für eine kurze Weile. Der Dampf ist als allmählich verblassender Streifen auf dem Meere liegen geblieben, das Pünktchen aber ist wieder ein Stück weiter vorgeschoben. Nach und nach ist das Pünktchen zum Punkt geworden, läßt bereits eine gewisse Form erkennen und jetzt sogar schon den Schornstein. Wen mag der Falkon wohl heute schon wieder alles herbringen?

Auf solche Art wurden viele Stunden des Tages zugebracht; denn nichts ist doch schöner als ziellos und zwecklos im Freien herumzubummeln. Zuweilen erstreckten sich die Ausflüge in die Bergschluchten, teils allein, teils in Gesellschaft, und nicht selten wurden diese Exkursionen in das Innere zu Pferde gemacht.

Am höher gelegenen Teile des Tales, dort wo dasselbe schon enger wurde, wohnte ein Mexikaner, der Pferde verlieh. Dieser war mit seiner Familie sicherlich der einzige ständige Bewohner der Insel. Er kannte alles, er wußte, wo man eine wilde Ziege schießen, wo man einen Berglöwen auflauern konnte.

Wollte man eventuell eine solche Schluchtpartie etwas weiter als gewöhnlich ausdehnen, dann gab der Alte seinen etwa vierzehnjährigen, zwergartig verwachsenen Sproß als Führer mit, der die übrige Zeit damit verbrachte, Klapperschlangen lebendig zu fangen. Ein entsetzliches Handwerk, das er immer allein ausübte, wozu er aber doch einmal mich mitnahm. Die Erinnerung an diesen Ausflug gehört zu den haarsträubendsten, die ich aus Californien davongetragen habe. Derselbe wurde zu Pferde resp. Maultier unternommen. Der Mexikaner, so klein wie er auch war, war ein famoser Reiter und sein Gaul, die „Hermosa“, war sein vertrautester Freund. Seine Ausrüstung bestand aus einer Art Botanisiertrommel von enormer Größe, die auf dem Rücken seines Maultieres untergebracht war. Dorthinein sollte die Beute kommen.

Das Fangwerkzeug war eine starke Angelrute aus Bambus von etwa zwei Meter Länge. Am oberen Ende derselben war ein Loch, durch welches eine geteerte Hanfschnur zweimal hindurchgesteckt war und somit ein Schlinge bildete. Das eine Ende der Schnur war dort oben befestigt, während das andere nach der Hand zu ging und von da aus reguliert werden konnte.

Um zu den Klapperschlangennestern, dort wo ihrer recht viele sind, zu gelangen, hatten wir eine gute halbe Stunde zu reiten, meistenteils durch Dickicht, wo man den Boden unter sich gar nicht zu sehen bekam. In einem Tempo, das man dem buckeligen Kerl nicht zugetraut hätte, stürmte er voran; mein Gaul, ob ich nun wollte oder nicht, direkt hinterher. Unter fortwährenden Schlangenwindungen ging es manchmal so steil bergan, wo ich nicht glaubte, daß ein Reiter hinaufkäme. Ein anderes Mal verschwand der Vorreiter in einem dichtbewachsenen Loch, daß man beinahe nichts von ihm sah. Einen Moment später, nachdem der erstere wieder weiter war, sprang auch ganz von selbst mein Gaul in die Tiefe, in die ich mich sonst höchstens zu Fuße gewagt hätte. Immer weiter ging es in dem Tempo. Da, auf einmal blieben die Tiere wie auf Kommando angewurzelt stehen, Kopf zurück, Ohren zurück und mit den Nüstern windend. Es waren Klapperschlangen in der Nähe.

„Bleiben Sie, wo Sie sind!“ sagte der Mexikaner und stieg vorsichtig von seiner Hermosa, die ebenfalls regungslos stehen blieb, aber bereits beruhigt zu sein schien.

Mit der Angel in der Hand, nachdem der Blechkasten abgenommen war, untersuchte der Knabe die nächste Umgebung und las einige große Steine und Erdklumpen auf. Dann band er seinen Gaul an einen nahen Baum, ging mit einem Erdklumpen auf ein niedriges Gebüsch zu und warf ihn hinein.

Wssssss—!

Wie das Abschnurren eines Uhrwerkes, dem man die hemmende Unruhe herausgenommen hat, nur viel lauter, drang jetzt das Warnungszeichen der scheußlichen Reptile an unser Ohr. Unbeirrt warf der mexikanische Knabe noch einen zweiten und dritten Stein nach der Richtung. Es dauerte nicht lange, da kam eine große dicke Klapperschlange hervorgekrochen und steuerte direkt auf den Angreifer los. Dieser hatte das längst erwartet und seine Schlinge zurecht gemacht. Nun ging er auf das Reptil, das sich eine Elle hoch aufrichtete und seine schwarzglänzende Zunge spielen ließ, direkt los, dirigierte geschickt die weit geöffnete Schlinge über den häßlichen dreieckig flachen Kopf und zog schnell zu. Das Ende der Schnur band er fest an die Stange an. Dann packte er die gefangene Schlange direkt hinterm

Kopf, wobei dieselbe mächtig nach allen Seiten hin schlug. So ging es zu dem Kasten, wo der Knabe nach Öffnung der Schlinge die Schlange hineindirigierte, alsdann losließ und den Kasten zuklappte. Unterdessen waren noch einige andere dieser Scheusale sichtbar geworden, denen es der Reihe nach ebenso erging. Da eine innere Öffnung des aufrechtstehenden Kastens trichterförmig eingerichtet war, konnte keine der einmal gefangenen Schlangen auf diesem Wege wieder entschlüpfen.

In der hier beschriebenen Weise wurden in kurzer Zeit fünf Stück erbeutet, mit denen es nun auf den Heimweg ging. Bei des alten Mexikaners Farm angelangt, wanderten die Reptile zunächst in eine Art Zwinger aus engem Drahtgitter. Zwei der kleineren wurden dort nochmals herausgeangelt und auf den Hof geworfen, wo die Schweine sich herumtrieben. Von letzteren wurden sie unter heftiger Gegenwehr mit großem Appetit aufgefressen. Wohl bissen die Schlangen wild nach den Schweinen, denen das aber keineswegs die Ruhe benahm. Ekelhaft war es anzusehen und anzuhören, denn man hörte laut das Krachen der Knochen, bis nichts mehr vorhanden und der letzte Rest verzehrt war. Gesegnete Mahlzeit! —

Die anderen Schlangen sollten in Los Angeles verkauft werden, wo deren Haut als Leder verarbeitet zu Portemonnaies und Hausschuhen verwendet wurde. Und was die Schweine betrifft, so besteht die scheinbar allem widersprechende Tatsache, daß diesen der Biß einer Klapperschlange keinen Schaden zufügt. —

In angenehmster Weise verflog die schöne Zeit von vier Wochen auf der Insel. Kahnpartien, Landpartien, teils zu Fuß, teils zu Pferde, und Ozeanbäder bildeten das tägliche Programm, bis schließlich der Tag der Abreise, die immer und immer wieder verschoben war, heranrückte. Denn was sollte ich so zeitig in Los Angeles anfangen?

Dort stand der Umzug bevor; das Konservatorium sollte vergrößert werden. Herrn Seemann wurde Californien zu heiß und er hatte uns schon im Mai Adieu gesagt. Herr Stoll hatte geheiratet und war auf der Hochzeitsreise. Die Räume des Instituts hatte ich bis auf ein einziges Zimmer, wo alles zusammengerückt war, und ein Schlafzimmer für meine eigene Person, vor der Abreise aufgegeben. Es mußte demnach dort zu Hause sehr einsam zugehen. Aber ewig konnte ich auf der Insel nicht weilen, und so schnürte ich am 15. August mein Bündel, brach mein Zelt ab und lieferte die Sachen unten an der Mole ab. Leider mußte mir aber in den letzten Stunden noch ein Unheil zustoßen, an das ich zeitlebens mit Schaudern denke.

Noch einmal wollte ich hinausrudern, an dem steil in den Ozean fallenden Felsen entlang, wollte in die klaren Tiefen dieses ewig ruhigen Wassers hinabschauen und dem geheimnisvollen Gesang der schönen Meermaid lauschen. Meilenweit war ich hinausgerudert, hatte um 12 Uhr den Falkon vorbeikommen und landen sehen, der um 4 Uhr mich selbst mitnehmen sollte. Da plötzlich kam ich auf den tollen Einfall, abseits vom Getriebe der Menschheit noch ein Bad zu nehmen. Doch auch mein Badezeug war unter meiner bereits abgegebenen Habe. Die Idee war aber zu schön, um sie unausgeführt zu lassen und so ruderte ich, weitab von der Bay, an ein lauschiges Plätzchen, wo es nicht zu tief war und auch der Kahn gelandet werden konnte. Mit Genuß und recht lange nahm ich dort das letzte Bad.

Es mochte nach ein Uhr gewesen sein, als ich dem kühlenden Naß entsteigend mich wieder in den Kahn begab und nur mit dem Tropenhelm auf dem Kopfe in die grelle Sonnenglut hinausruderte. Als Handtuch zum Abtrocknen sollte die Sonne dienen. Das tat sie denn auch recht gründlich. Aber es war so ideal schön, so ohne jede Bekleidung auf dem blauen Ozean zu gondeln; und auf einem wiederum meilenweiten Bogen näherte ich mich der Bay, an deren Eingang ich erst Toilette machte. Kam ich auch auf diese Art sehr spät zum Lunch ins Hotel, so war dieser Wasserausflug dadurch desto länger und schöner gewesen.

Jetzt ertönte der erste lange Pfiff des Falkon und es wurde herzlicher Abschied genommen. Punkt vier Uhr ging der Dampfer in See, während zahlreiche Taschentücher in der Luft schwenkten. Wehmütig sah ich die schöne Insel zurücktreten. Die Bay mit den vielen weißen Zelten war bald verschwunden und nur auf den Anhöhen da herum waren noch einige als weiße Punkte eine Weile zu sehen.

Trotzdem es auf dem Wasser auch heiß war, fühlte ich im Verlauf einer weiteren Stunde ein eisiges Frieren durch meinen Körper ziehen, das ich mir nicht erklären konnte. Gegen Abend stellte sich dann ein eigentümliches Kribbeln auf dem Rücken ein, das sich nach und nach über Schultern und Arme erstreckte. Als wir um sieben Uhr in San Pedro landeten, wo sich die Eisenbahn direkt anschloß, war das immer heftiger gewordene Jucken in ein Brennen übergegangen.

Ach wenn es doch erst acht Uhr wäre, und wir in Los Angeles ankämen!

Der Schmerz nahm ständig zu und meine ganze Rückseite brannte jetzt wie höllisches Feuer, als wir im Southern Pacific Depot anlangten. Auf dem Nachhausewege in der Cable car war es mir nicht mehr möglich, den ungeheuren Schmerz zu verbergen, den ich mir erst gar nicht erklären konnte.

Ein im Wagen sitzender Herr hatte das beobachtet und war so liebenswürdig, mich ins Haus zu führen und mir beim Ausziehen der Kleider zu helfen, worauf ich mich dann halb ohnmächtig gleich in die Badewanne stürzte.

„Telephonieren Sie, bitte, schnell an Dr. Hirschkowitz," sagte ich noch, „er wohnt im United States Hotel in der Mainstreet!"

Es war ein Glück, daß der fremde Herr mitgegangen war, denn von meinen Lehrern oder sonstwie Bekannten war kein Mensch im Hause.

Endlich kam Dr. Hirschkowitz, der mein persönlicher Freund war und es noch heute ist.

„Um alles in der Welt, was hast Du angerichtet!"

Dies war seine Begrüßung, worauf er mich aus dem Wasser holte, aufs Bett legte mit dem Rücken nach oben. Dann wurde mir der halbe Körper mit Vaselin eingerieben und zuletzt Kartoffelmehl daraufgestreut. Der Schmerz steigerte sich wiederum zum Rasendwerden, so daß mir mein ärztlicher Freund eine Morphiuminjektion verabreichen mußte. Sodann telephonierte er an Greens, und in kurzer Zeit war die gute Mrs. Green angelangt, die mit Dr. Hirschkowitz zusammen die ganze Nacht bei mir gesessen hat, während ich, ohne das geringste auf dem Leibe zu vertragen, regungslos auf dem Bauche liegen mußte.

„Na, alter Junge," sagte am anderen Morgen der Doktor, nachdem ich einige Stunden fest geschlafen hatte, „diesmal bist Du mir noch mal davongekommen! Gestern hätte ich es beinahe nicht geglaubt. Unkraut vergeht eben nicht. Da — sieh mal her, wie reizend Du aussiehst!" Dabei hielt er mir einen Spiegel derart vor, daß ich den Rücken sehen konnte.

Mein Gott! — Die Arme, Schultern und der ganze Rücken waren schwarzrot!

Schmerzen hatte ich freilich für einige Tage noch genügend auszuhalten, währenddessen ich fast regungslos in der beschriebenen Lage verharren mußte. Es dauerte eine ganze Woche, bevor ich es wagen konnte, auch nur ein Hemd und ganz leichte Kleider wieder anzuziehen. Während dieser Leidenszeit begann sich nach und nach die ganze Haut abzuschälen. Überall brach sie auf und ich konnte den ganzen Tag über Streifen bis zur Länge einer Spanne herunterziehen, die ganz dünn waren und wie Seidenpapier aussahen. Es bildete sich nun eine neue Haut, die meinem Leiden ein Ende bereitete. Doch das verhängnisvolle Bad auf der Catalinen-Insel werde ich nie vergessen.

Während der noch folgenden heißen Zeit hätte die Wiedereröffnung unseres Konservatoriums wenig Sinn gehabt, denn der Unterricht war ein allzu minimaler. Wir konnten auf diese Weise für Monate lang die Miete sparen; und erst Mitte September war es, als wir in ein großes Gebäude in der Mainstreet zogen und dort das „German Konservatory of Music“ von neuem eröffneten.

Der Gang der Ereignisse, der in dieser Saison einen mehr geordneten Charakter annahm, bot deshalb weniger Interessantes, als das erste Jahr. Eins aber bildete einen erheblichen Fortschritt, da es diesmal gelang, nach und nach ein kleines Orchester einzurichten, wofür in den Schülerkreisen sich begeistertes Interesse zeigte. Allerdings wurde ich dadurch wegen teilweisen Mangel an wichtigen Blasinstrumenten, wie Fagott, Oboe, Horn, mit Arrangieren und Neuinstrumentieren nie fertig. Posaunen, Trompeten (resp. Kornetts) auch Flöten und Klarinetten waren zur Genüge neben den Streichern vorhanden. Als Vertreter der Hörner gab es nur einen einzigen, und dieser war eigentlich Uhrmacher. Seine Mitwirkung in den Proben mußte jedesmal bezahlt werden und er betrachtete es fast als eine Gnade, wenn er überhaupt mitspielte.

Das Orchester wurde unser aller Steckenpferd und dies um so mehr, als es sich ständig weiterentwickelte. Schon in der folgenden Osterzeit waren wir so weit, daß wir an zwei aufeinander folgenden Tagen den Elias von Mendelssohn in Hazards Pavillon aufführen konnten. Chor und Orchester bestanden dabei ihre Feuerprobe; auch die Solisten waren sämtlich Schüler der Anstalt.

Somit war denn wieder einmal der Frühling ins Land gezogen. Das heißt, die Regenzeit war vorüber und es ging rasch auf den Sommer zu. Tagtäglich, wenn man die Straßen passierte, winkten einem im Norden die herrlichen Berge entgegen. Und nun waren schon mehrere Jahre verflossen, währenddessen ich noch nie dazu gekommen war, die stattlichen Höhen zu erklimmen. Freilich gestaltet sich in Californien ein derartiger Ausflug nicht so einfach und bequem, als dies z. B. in der Schweiz der Fall ist, wo überallhin Zahnradbahnen gehen, oder Postkutschen; wo Hotels über Hotels in großer Anzahl selbst bis in die höchsten Regionen verteilt sind.

Bei einer Bergpartie im Westen von Amerika ist das ganz anders. Dort muß man Lebensvorräte und meistens auch Zelte mitnehmen, und ohne Pferde ist eine Exkursion kaum auszuführen.

Ein sehr beliebter und dabei unschwer zu erreichender Zielpunkt für Touristen war der auf der stolzen San Bernardino Kette gelegene Wilsons Peak mit dem Observatorium, dessen leuchtendes Zinkdach jeden Nachmittag von Los Angeles aus zu sehen war, wenn die Sonne darauf schien. Letzteres lag auf der verhältnismäßig schmalen Kante eines meilenlangen Felskammes in einer Meereshöhe von etwa 8000 Fuß und bot einen Fernblick über die Südhälfte des Horizontes von einigen hundert Meilen im Halbkreise.

Am letzten Märztage war es, zu der Zeit, wo kaum noch ein Regen zu erwarten stand, der Himmel aber an den Vormittagen oft noch mit Wolken bedeckt ist, als wir, eine kleine Gesellschaft von sechs fröhlichen jungen Leuten, bestehend aus vier Damen und zwei Herren, Los Angeles sehr früh verließen und über Pasadena und Lamanda nach Santa Anita fuhren. Es war eine Bahnstrecke von etwa anderthalb Stunden, die uns nahe an den Fuß der Berge brachte. Dort nahmen wir uns je einen Burro (Maultier) und in kaum einer Stunde waren wir bei den Vorläufern des Gebirges angelangt, wo inmitten eines Manzanillawaldes mit seinen rosafarbenen Stämmen die erste starke Steigung begann. Zum Glück hatten wir bedeckten Himmel, denn sonst hätte man die Partie kaum bei Tage unternehmen können.

Mittlerweile gelangten wir innerhalb einer dicht bewaldeten Schlucht auf ziemlich ebenem Wege nach dem sogenannten half way house, wo ein kräftiges Mittagsmahl eingenommen wurde. Von hier an ging der schmale Pfad unter beständigem Zickzack steil bergan, und es währte nicht lange, so waren wir in Wolken eingehüllt. Wegen der Gefährlichkeit des Passes war es oft nötig, abzusitzen und die Maultiere zu führen, die aber die schlimmsten Stellen mit einer bewundernswerten Ruhe und Sicherheit passierten, welche auf Übung und genaue Kenntnis der Gegend hinwies. Es mochte gegen 5 Uhr gewesen sein, als sich das Gewölk über uns klärte und wir wenige Minuten später das Aussichtsplateau erreichten, das nur etwa um Kirchturmtiefe unterhalb des Observatoriums lag. Die fast unglaublichen Berichte, welche über die Aussicht von da oben herab im Umlauf waren, treten weit zurück gegen das Großartige, was wir hier zu sehen bekamen. Die vielen großen und kleinen Ortschaften, die mit einer unbeschreiblichen Klarheit dort unten erkennbar waren, die riesengroße Meeresfläche, in der außer der Catalinen-Insel noch die von St. Nicklas und von San Clemente wie kleine Krokodile aussehend darinlagen. Sogar die mexikanischen Coronado-Inseln waren links im Süden sichtbar.

Der Hauptzweck dieses Kapitels soll für den Schreiber nicht darin liegen, sich in Schwärmereien über einen Aussichtspunkt zu ergehen. Denn was nützt es schließlich dem Leser, zu erfahren, wie großartig wir uns dort amüsiert haben. Eine Fernsicht beschreiben kann man überhaupt nicht, zum mindesten aber sei ein in der Richtung gemachter Versuch berufenen Federn überlassen, denn der Zweck dieser Zeilen ist es, ein höchst wunderbares Naturereignis schriftlich niederzulegen, wie es gewiß äußerst wenige Sterbliche je gesehen haben. Wiederholt habe ich es erlebt, daß nach Erzählen dieser unerklärlichen Erscheinung selbst gebildete Leute sichtbar ungläubig die Köpfe schüttelten. Da dieses Wunder jedoch wirklich und in Gegenwart von Zeugen passiert ist, so scheue ich mich nicht, den Hergang genau wiederzugeben, selbst auf die Gefahr hin, von diesem oder jenem nicht geglaubt zu werden.

Den Verlauf der Dinge wieder aufnehmend, überwanderten wir nach wenigen Minuten Aufenthaltes die letzte sehr steile Strecke, passierten das Observatorium, um uns zunächst in der dahinter befindlichen Waldschänke niederzulassen und von den Strapazen zu erholen. Diesen Platz, der inmitten von riesig hohen Tannen direkt hinter dem Felskamme gelegen war, hatten wir als Übernachtungsort für zwei Tage ausersehen. Ein ehemaliger Deutscher, Steyn mit Namen, war der Inhaber dieser Waldhütte, sowie von etwa einem halben Dutzend herumstehenden Zelten, die er gelegentlich an Touristen vermietete.

Hier wurden unsere Maulesel von ihrer Bürde befreit und in einen Stall geführt, als eine junge

Dame, Miß Sopar, die eine meiner Schülerinnen war, entdeckte, daß sie an dem zehn Minuten entfernten Aussichtspunkt ihr Portemonnaie, das sie herausgenommen, auf einem Stein liegengelassen habe. Mein Schüler Floyd Green und ich machten uns sofort zu Fuß dahin auf und fanden auf den ersten Blick die vermißte Börse.

Unter uns lag wieder die weite Welt und der Ozean. Um die herrliche Aussicht nochmals einige Minuten zu genießen, waren wir bis auf das äußerste Ende des Felsvorsprunges gelaufen. Die Schatten waren schon ziemlich lang geworden und die Häuser von Pasadena und Los Angeles sahen dadurch desto plastischer aus.

Die Sonne stand bereits tief und mochte, von uns aus rechts, in etwa einer halben Stunde untergehen, als plötzlich aus der schwindelnd tiefen, uns zur Linken (im Osten) gelegenen Schlucht eine große weiße Wolke heraufzog, von der Sonne grell beschienen. Von uns, die wir dazwischen standen, konnte die weiße senkrechte Wand höchstens 400 Meter entfernt gewesen sein. Da plötzlich sahen wir als Silhouette unseren Felsenvorsprung deutlich auf der weißen Wand aufgezeichnet und fast gleichzeitig erkannten wir etwas vergrößert unsere eigenen Gestalten, die jede unserer Bewegungen mitmachten.

Und nun das Wunder:

Um unsere Köpfe herum hatte jeder von uns in herrlichen Regenbogenfarben einen Heiligenschein von der Größe eines Wagenrades und senkrecht stehend als Kreis. Mochten wir unsere Köpfe bewegen, oder auf und ab laufen, stets ging dieser magische Schein mit.

Es ist eigentlich überflüssig zu bestätigen, daß dieses wunderbare Schauspiel, welches nur ungefähr fünf Minuten anhielt, uns beide sehr aufregte und die Beobachtung von Nebenumständen uns vergessen ließ. Die Sonne war aber dann in einem Dunststreifen verschwunden und warf keine Schatten mehr. Während der Erscheinung war jeder von uns mit der Bewunderung seines eigenen Heiligenscheines so in Anspruch genommen, daß wir beide vergaßen, zu beobachten, ob wir auch den Schein über des anderen Haupte gesehen haben oder nicht.

Ganz begeistert von dem eben Erlebten erzählten wir den Vorfall unseren vier Damen, die alle ungläubige Gesichter machten, aber darauf bestanden, am nächsten Spätnachmittag mit uns an dieselbe Stelle zu gehen. Da sich aber ein Wunder nicht auf Kommando bestellen läßt, so blieb es aus. Wohl waren wir zu genau derselben Zeit dort erschienen. Auch die liebe Sonne stand an genau demselben Flecke, es kamen sogar vorübergehend einige Wolken aus der Schlucht herauf aber — die Damen bekamen eben keine Heiligenscheine.

VI.

Ein Konzert auf einem amerikanischen Kriegsschiffe.

Zur Zeit, als die Vereinigten Staaten in großer politischer Spannung mit Chile sich befanden, herrschte in Chile 1891 eine Revolution, bei welcher, wie bei solchen Gelegenheiten üblich, sich zwei Parteien um die Herrschaft stritten. Die Partei der Aufständischen hatte sich über San Francisco Waffen und Munition kommen lassen, welche außerhalb des Goldenen Tores auf hoher See auf das damals einzige chilenische Kriegsschiff, die Itata, verladen und nach dem Süden gesandt wurden. Der californische Bevollmächtigte erfuhr dies und veranlaßte eiligst die Regierung, ein damals im Westmeere befindliches großes Panzerschiff der Union der flüchtigen Itata, die nur eine einzige Kanone besaß, nachsenden zu lassen und es mitsamt der Konterbande gefangen zu nehmen. Die Jagd begann, und die stets wettebereiten Californier hatten bald die betreffenden Breitengrade bewettet, unter welchen der große Panzer mit 20 Knoten Geschwindigkeit den nur 12 Knoten machenden harmlosen Chilenen einholen würde. Schließlich erfolgte die Gefangennahme und der Charleston brachte die Itata im Triumph zurück und legte sie im schönen Hafen von San Diego, der südlichsten Küstenstadt der Union, nach Zerstörung der Maschine fest. Großer Jubel herrschte nun in Amerika, insbesondere aber an der Westküste.

Allein die Regierung hatte mit diesem Gewaltakt einen Fehler begangen, denn die geschädigte Partei wurde die Regierungspartei von Chile, und man stand damals nahe vor einem Kriege. Der allgemeine Jubel erreichte indes seinen Höhepunkt, als Präsident Harrison den Befehl erließ, daß der Charleston eine Gastreise an sämtlichen westlichen Häfen und Ankerplätzen machen sollte. Nun konnte jeder den vielgenannten Charleston sehen und betreten. Diese politischen Vorgänge ereigneten sich zu Anfang Juli, zu der Zeit, wo ich für mein seit einigen Jahren bestehendes Konservatorium für Musik das Schlußkonzert vorbereitete, das unter Mitwirkung des Institutsorchesters und Chores der Stadt Los Angeles im nahegelegenen romantisch schönen Küstenstädtchen Santa Monica am 12. Juli gegeben werden sollte. Ein ferner von mir ins Leben gerufener gemischter Chor in Santa Monica selbst sollte sich an diesem für dortige Verhältnisse „Monsterkonzert" beteiligen. Eine große mit Bühne versehene Holzbude, Steeres Opera House benannt, war dafür in Aussicht genommen. Das geplante Konzert war in beiden Städten kräftig annonciert worden und stand eine zahlreiche Zuhörerschaft sicher zu erwarten, um so mehr, als die tonangebenden Kreise, Gouverneurs- und Senatorenfamilien, ihr Erscheinen resp. ihre Mitwirkung zugesichert hatten. Alles klappte soweit vortrefflich; eines machte mir nur eine gewisse Sorge — die Gastreise des Charleston! — Schließlich kam der Tag des Konzertes. Verabredetermaßen sollte nachmittags 3 Uhr die ganze Gesellschaft die nur eine halbe Stunde dauernde Fahrt von Los Angeles nach Santa Monica per Extrazug gemeinsam machen. Ein besonderer Gepäckwagen mit Orchesterinstrumenten und dem großen Konzertflügel sollte bereits vormittags abgehen. Voll der besten Hoffnungen saß ich beim Frühstück im Café Melstedt und las die Morgenzeitung. Da! Was ist das! „Der Charleston hat gestern früh St. Pedro verlassen, war am Nachmittage für einige Stunden in Redondo und ist abends 10 Uhr in Santa Monica vor Anker gegangen, wo er für 36 Stunden verbleiben wird. Von vier Uhr nachmittags bis zehn Uhr abends ist der Besuch des Schiffes jedermann gestattet."

Sofort brach ich auf nach dem S. P.-Depot und fuhr mit dem Neunuhrzuge nach Santa Monica. Die für meinen persönlichen Gebrauch im Konzerte notwendigen Partituren hatte ich schnell noch mitgenommen. Schon vor der Ankunft sah ich aus dem linken Wagenfenster den in blendend weiß gekleideten Panzerkoloß im hellen Sonnenschein auf der blauen Ozeanfläche liegen. So herrlich der Anblick auch in der Tat war, wußte ich doch genau, daß, wenn der Charleston am Abende jedermann zugänglich ist, kein

Mensch mein mit großen Kosten vorbereitetes Konzert besuchen würde. Das einzige, was mir zu tun übrig blieb, war der Versuch, den Konkurrenten im eisernen Panzer, wenn auch nicht durch Dynamit, so doch auf irgend eine humanere Art zu beseitigen. Am Ufer lagen einige Ruderbote. Ich ließ mich an den Charleston heranrudern, dessen Dimensionen zu gleicher Zeit immer kolossaler zu werden schienen, und rief die Wache an. „What do you want, Sir?“ war die Antwort. — „Bitte, melden Sie mich dem Admiral Green. Eine Sache von äußerster Wichtigkeit zwingt mich, ihn zu sprechen.“ — „Der Admiral ist für niemand zu sprechen und schläft noch.“ — „Dann wecken Sie ihn, bitte, Sie sollen dafür von mir fünf Dollar bekommen.“ — Ich wußte genau, daß es nur mittels einer derart unverfrorenen Sprache mir gelingen würde, mein Ziel zu erreichen. Kurz und gut, während des Hin- und Herredens kommt zufällig der Herr Admiral an die Railing, hört den Bericht der Matrosen und läßt mich die Falltreppe hinaufkommen. In kurzen Worten stellte ich dem Mächtigen vor, wie die Anwesenheit seines Schiffes der totale Ruin meines Konzertes sei und fragte ganz kühn, ob er nicht mit seinem Dampfer so ungefähr um 7 Uhr ein Dutzend Meilen in See gehen und am anderen Morgen wiederkommen könnte. Selbstverständlich erzielte dieser dreiste Vorschlag nur ein mildes Lächeln, und ich wundere mich noch heute, daß mich der Admiral nicht hat sofort über Bord expedieren lassen. Er aber frug gütig: „Können Sie Ihr Konzert denn nicht verschieben?“ worauf ich erwiderte: „Ich würde das ja gern tun, Herr Admiral, aber es geht nicht, da von morgen an im Opernhause für acht Tage eine Hühnerausstellung ist und ferner mein ganzes Personal anläßlich der Ferien in alle Windrichtungen zerstreut sein wird." — „Das tut mir zwar aufrichtig leid, daß ich Ihren Wünschen nicht nachkommen kann, aber Sie scheinen zu vergessen, daß dieses ein Kriegsschiff ist und keine Kohlenbarke." Während dieser Worte lenkten die Schritte des Admirals bedenklich nach der Falltreppe und alles schien verloren zu gehen, als mich ein Gedanke durchzuckte: „Wie wäre es, Herr Admiral, wenn wir beides vereinigten und das Konzert hier auf Ihrem Schiffe veranstalteten? Die dort am hinteren Ende des Deckes befindliche siebartige Plattform, worauf Taue lagern, könnte ganz gut das Konzertpodium sein. Dort kann der große Flügel und der Singechor placiert werden, das Orchester unterhalb davor. Das übrige Deck könnte, wenn dies und jenes weggeräumt wäre, einen vortrefflichen Zuschauerraum abgeben. An der Falltreppe werden die Billetts verkauft. Ich werde auch überall Lampions aufhängen lassen. Bei der herrlichen Tropennacht wird sich das großartig ausnehmen, ein Ereignis, wie es hier nie gewesen. Die Familien des Senator Bones, Senator Hole, Gouverneur Hornimann, der Bankiers Bellmann und Flausson, mit einem Wort, alle Honoratioren werden erscheinen." — „Wissen Sie, junger Herr, das ist ja alles ganz schön, wenn dies nur kein Kriegsschiff wäre. Bei Ihrer unverwüstlichen Dreistigkeit aber werden Sie vielleicht noch mal ein großer Staatsmann, falls Sie nicht vorher noch aufgehangen werden. Ein Konzert, wenigstens in der Form, hat auf einem Kriegsschiffe bis dato nie stattgefunden, — es wäre vielleicht ein ganz hübscher Spaß, aber — aber —

all right, Sie sollen mein Schiff haben.“ Dankerfüllt und entzückt reichte ich ihm die Hand und versprach 50 Dollar für ein von ihm zu bestimmendes Sailors home zu stiften.

Jetzt aber war kein Augenblick mehr zu verlieren. Nach schneller Verabschiedung ging ich wieder ans Land, wo ich in der Druckerei des „Santa Monica outlook“ Plakate mit der Nachricht drucken ließ, daß das Konzert auf dem Kriegsschiff stattfände. In einer Stunde wußte ganz Santa Monica die Überraschung. Alsdann wurden per Telegraph sämtliche an nahegelegenen Badeorten befindliche Segel- und Ruderboote nach Santa Monica bestellt. Doch wie sollte das Klavier auf das Schiff gebracht werden, das eine halbe englische Meile draußen vor Anker lag? Denn damals gab es im idyllisch friedlichen Santa Monica noch gar keine Transportmittel für den Küstendienst. Ein in der Nähe befindlicher Neubau brachte Rat und Hülfe. Dort lagen eine Menge Bretter und Balken, die, wie ich erfuhr, in einigen Tagen zu einem Hausgerüst benutzt werden sollten. Gegen einiges Entgelt bekam ich das ganze Holz geliehen, das nun sofort nach der Küste verladen wurde, wo einige geübte Zimmerleute so gut es ging ein Floß daraus zu bauen begannen. Unterdessen kam der Gepäckwagen mit dem Konzertflügel und den Orchesterinstrumenten, die nun direkt nach der Küste beordert wurden, an. Gleichzeitig stellten sich auch nach und nach einige der bestellten auswärtigen Boote ein, die sofort zum Instrumententransport auf das Kriegsschiff Verwendung fanden. Sämtliche Stühle des „Opernhauses“ wurden gleichfalls verladen und mit Leichtigkeit per

Dampfkrahn aufs Schiff befördert. Das Tagesgestirn verbreitete nachgerade eine unerträgliche Hitze; doch dies durfte uns jetzt nicht kümmern. Halb 3 Uhr war das Floß, welches von einer Menge von Mexikanern im Sombrero, Halbindianern, Chinesen und anderweitigen Bummlern konstant umlagert war, vollendet, und mein bereits daneben im Sande stehender Konzertflügel von Decker Bros, das viel angestaunte Gerät, wurde aufgeladen. Anfangs ging die Reise ganz gut von statten. Doch nahe vor dem Ziele schien sich das so schöne Floß allmählich in Wohlgefallen aufzulösen, denn die unterseitige Verbindung der Bretter gab nach. Ein Balken, auf dem das eine der drei Beine des Klaviers ruhte, versank langsam im Wasser und mit ihm die entsprechende Seite des Instruments, das bei einem Haare in den Ozean gefallen wäre und nur durch Gegenstemmen mehrerer Leute, von denen einer sogar ins Wasser fiel, dem nassen Grabe entrissen wurde. Eine Anzahl Kähne, in einem derselben hatte ich selbst Platz genommen, begleiteten das unselige Floß und unterstützten dessen Fortbewegung; und unter vielem Gelächter der übrigen, doch großer Besorgnis meinerseits, währenddessen das Floß nur mit Mühe zusammengehalten werden konnte, erreichten wir endlich das Schiff. Erlösend neigte sich von oben herab eine Kette vom Krahn, die das kostbare Instrument, das mit einem kühlenden Fußbade, sonst aber unbeschädigt davongekommen war, erfaßte und auch mich von aller Angst errettete. Vom Lande aus wie vom Schiffe war diesem aufregenden Transport mit viel Spannung zugesehen worden. Oben auf Deck angelangt, wurde ich vom Herrn Admiral, den die ganze nun einmal im Gange befindliche Sache lebhaft amüsierte, mit freundlichem Lächeln empfangen. Er wies mir sodann einen Platz neben sich auf der geräumigen Kommandobrücke an, von wo aus ich die Anordnungen betreffs Placierung des Flügels, welcher vorläufig noch in der Luft schwebte, sowie der übrigen Geräte zu treffen hatte. Alles dies ging auf dem modernen Schiff fabelhaft schnell. Unterdessen kam die Zeit heran, zu der unser Extrazug zu erwarten stand. Mit knapper Not erreichte ich die Bahnstation zum Empfange meiner Schar, bei der die Nachricht von dem Schiffskonzert riesigen Jubel hervorrief. Doch bitte ich den Leser, sich einmal in meine Lage versetzen zu wollen, der ich nach Vollendung dieser unbeschreiblich aufregenden Arbeiten, dazu konstant im Sonnenbrand, abends noch die Ruhe haben mußte, ein großes Konzert mit Chor und Orchester zu dirigieren und auch noch als Solist Schubert-Liszts Wanderfantasie mit Orchesterbegleitung zu spielen. So ging es nun von der Bahn direkt zur Generalprobe aufs Schiff, wo wir als aufmerksamen Zuhörer den Herrn Admiral hatten. Die beiden Chöre, wenn auch einzeln genügend eingeübt, hatten noch nie vorher zusammen gesungen. Dank der heiteren Stimmung aber klappte alles vortrefflich. Dabei wurde die Probe nach und nach beinahe öffentlich, indem viele anderweitige Besucher des Schiffes sich die Musik mit anhörten. Unterdessen sah ich von meinem Direktionspulte aus am Lande noch zwei weitere Extrazüge vollbesetzt ankommen, die noch ungefähr tausend Menschen aus Los Angeles und Pasadena herbeiführten, welche kamen, um das Schiff zu sehen. „Hallo“, dachte ich,

„das gibt sicher noch eine Menge Zahler für mein Konzert“.

Endlich, endlich um 6 Uhr, war die Probe zu Ende und die ganze Last der Vorarbeiten überwunden! Admiral Green hatte nun gütigst angeordnet, daß nach einhalb 7 Uhr niemand mehr aufs Schiff gelassen wurde und um blinde Passagiere im Konzert auszuschließen, wurde um 7 Uhr auf das Zeichen der Dampfpfeife das Schiff von sämtlichen Besuchern geräumt. Gleich nach der Probe hatte ich mich in einer Kabine auf ein Stündchen zur Ruhe begeben, deren ich sehr bedurfte. Durch die Dampfpfeife geweckt, warf ich mich, einigermaßen gestärkt, in Konzerttoilette, ließ die 120 Lampions anstecken und war rechtzeitig an der Falltreppe, als auch schon die ersten Konzertbesucher anlangten. Jetzt kam der wichtigste Moment des ganzen Unternehmens. Hier an der Falltreppe konnte ich leicht kontrollieren, daß im Billettverkauf keine Betrügereien vorkamen. Aber was war denn das! Das Meer unter mir wimmelte von unzähligen Booten, jedes von Menschen dicht besetzt. Denn die beiden nachträglich angelangten Extrazüge hatten mir noch eine bedeutende Zufuhr von Konzertbesuchern herbeigebracht. In der Geschwindigkeit des Herannahens eines jeden Bootes versuchte ich finanziell die Einnahme zu taxieren, die ganz außergewöhnlich sein mußte. Doch in aller Welt, ich hatte ja gar nicht annähernd so viele Stühle an Bord, um alles zu placieren. Welch Glück, daß ich selbst der Arrangeur des Konzertes war und kein Konzertagent, der den größten Teil dieser schönen Einnahme, in seine eigene Tasche hätte verschwinden lassen. Mit der Zeit wurde der Charleston vom Publikum derartig überflutet, daß viele sich, um irgendwo noch Platz zu finden, auf den Rand der Rettungsboote, auf Drehtürme, ja sogar auf die Kanonen setzten. Das Konzert begann pünktlich um 8 Uhr. Beim Betreten des Podiums wurde ich aus Anerkennung für die originelle Idee mit einem geradezu donnernden Applaus begrüßt, denn es herrschte eine allgemeine teils nationale, teils musikalische Freudigkeit über die Eigenart des ganzen Konzertes, die jede Nummer, was es sonst auch gewesen wäre, zu einem musikalischen Erfolg stempelte. Das Konzert verlief in bester Ordnung auch betreffs der Ausführung und bot in der venezianischen Beleuchtung einen prächtigen Anblick. Als Schlußnummer dirigierte ich die Tannhäuser-Ouverture, die nach einem Sturm von Enthusiasmus da capo verlangt wurde.

Um 11 Uhr war das Konzert vorbei. Von allen Anstrengungen empfand ich keine Spur, doch die enorme Einnahme veranlaßte mich, außer den versprochenen 50 Dollar für das Sailors home noch die gleiche Summe an die mir so behilflich gewesenen Matrosen des Schiffes zu verteilen. Aber auch die telegraphisch bestellten Boote hatten brillante Geschäfte gemacht. Da das arme Floß unterdessen repariert war, verlief der Rücktransport am anderen Morgen ohne Zwischenfall. Lange blickte ich dem um 10 Uhr abdampfenden Charleston in Dankbarkeit nach. Das Konservatorium hatte nun drei Monate Ferien, währenddessen ich die ereignisreiche Reise durch die mexikanische Wüste machte.

Eine Million Pfund Sterling ist gewiß eine ganz ungeheure Summe Geld. Sollte mir aber jemand dieselbe anbieten als Preis dafür, die sämtlichen in diesem Kapitel verzeichneten Abenteuer noch einmal durchkosten zu müssen, ich antwortete auf das entschiedenste — „nein!“ —

VII.

Ein Klaviertransport durch die mexikanische Wüste.

m mich nach den Anstrengungen bei diesem abenteuerlichen Schiffskonzert auf dem Charleston zu erholen, verweilte ich noch einige Tage bei Freunden im Küstenstädtchen Santa Monica, das nun wieder das Bild der Ruhe und des Friedens geworden war. Spiegelglatt, ohne die geringste Bewegung, lag der Ozean da im blendenden Lichte, wie es in Tropengegenden meist der Fall ist. Bei meiner Rückkehr nach Los Angeles war die Schattenwärme auf 118 Grad Fahrenheit gestiegen. Doch in der hellen Seidenkleidung und den weißen Schuhen, die man dort am Tage trägt, ist diese Temperatur für kräftige Leute nicht unerträglich, wenigstens, wenn man daran gewöhnt ist. Vor der Berührung von der Sonne ausgesetzter Metallsachen, Eisenbahnschienen, Geländern muß man sich aber hüten. Während eines kleinen Stadtbummels, bei dem ich im Musikladen von Brown and Haskell einige drollige Momente des Konzertes erzählte, über das natürlich die ganze Stadt noch sprach, erfuhr ich zufällig, daß in einer Oase der mexikanischen Wüste Alt-Californiens jemand ein teures Klavier der Firma Decker Bros bestellt und einen Scheck dafür bereits deponiert hätte. Leider aber gab es dorthin von Ensenada aus absolut keine Wege, auch fand sich niemand, den Transport dort im wilden Mexiko zu übernehmen. Einen abenteuerlichen Reiz mußte solcher demnach entschieden versprechen. Die dreimonatliche Ferienzeit hatte eben begonnen, genügend Zeit für einen kleinen Abstecher dorthin war also vorhanden und so erbot ich mich, die Leitung des Klaviertransportes zu führen. Die Firma war gern einverstanden, verlangte aber kühn von mir eine Kaution von 600 Dollars, falls ich mit dem Instrument verunglückte. Daran war natürlich nicht zu denken. Ich wies darauf hin, daß schlimmstenfalls die Firma das Klavier, ich aber sogar mein Leben verlieren könnte, ich also noch viel mehr riskierte. Zum Glück empfanden die Herren in der Sache nicht so eisig als Wotan im Rheingold, der zum Alberich sagt: „Den Reif verlang ich. Mit dem Leben mach' was du willst," und so einigten wir uns auch ohne Sicherstellung meinerseits und ich wurde mit schriftlichen Vollmachten versehen. Die nächsten Vorbereitungen zu der Expedition bestanden in dem Studium von Karten und in der Berechnung des Reiseweges. Leider gab es darüber nur sehr unzulängliche Aufzeichnungen. Unsere besten deutschen Atlanten, welche die amerikanischen bei weitem übertreffen, widersprachen sich sogar. Denn während Stieler die zu bereisende Strecke als Wüste und Gebirge bezeichnet, findet sich im Andree dort ein kleiner See aufgezeichnet. Die letztere Angabe war vollkommen irrig, denn durch vielfache Erkundigungen erfuhr ich, daß dort alles Wüste sei. Nun ging es an die Anschaffung von allem, was nötig war. Ich kaufte mir einen vorzüglichen Revolver von Smith and Wessen für 22 Dollars, ein Jagdgewehr, reichliche Munition und einen mexikanischen Sattel. Jetzt konnte an die Abreise gedacht werden.

Nachdem ich Los Angeles per Bahn verlassen, bestieg ich in San Pedro das Schiff und landete am nächsten Tage in San Diego, um mich von da sofort per Ferryboot nach dem riesengroßen Hotel del Coronado zu begeben, welches der Stadt gegenüber auf einer Landzunge liegt. Dieses völlig aus Holz und Eisen geschmackvoll konstruierte Hotel, der Santa Fé Eisenbahngesellschaft gehörig, das damals unter der Leitung eines Mr. Babcock stand, bildete die Endstation vieler Extrazüge, die im Winter von New York und Boston ausgingen und Tausende der Ostländer nach dem herrlichen Klima führten. Hier direkt am Ozean gab es für einige Tage genug des Interessanten zu sehen. Erstens das Getriebe am Strande mit dem Seebad; dann die zum Hotel gehörende ethnographische Sammlung, in der auch viele an der dortigen Küste aufgefundene Seeungetüme ausgestellt waren. Nach dem Süden zu, längs über die 12 englische Meilen sich ausdehnende Landzunge hinwegblickend, konnte man bereits die mexikanischen Höhenzüge erkennen, und etwas rechts davon sah man im Wasser die grellbeleuchteten nackten Felsenriffe der zu Mexiko gehörenden Coronadoinseln liegen, die aber nicht bewohnt sein sollen. Wie schon erwähnt, ist San Diego von Coronado durch Wasser getrennt, d. h. wenn man nicht den fast 20 Meilen langen Umweg über die Landzunge per Bahn machen will. Durch die derzeitige Erbauung des Riesenhotels glaubte man anfangs die geschäftlichen Verhältnisse von San Diego aufzubessern, doch man hatte sich verkalkuliert. Denn durch die an dieser Stelle ungefähr einen Kilometer breite Bay blieb doch immer das herrliche Hotel von der Stadt abgesondert. Auf dieser Halbinsel wuchsen um das Hotel herum Häuser wie Pilze aus der Erde. Es entstand die neue Stadt Coronado, während San Diego ausstarb. Kein Wunder, wenn mehr als die Hälfte der Häuser leer stand und man überall daran Schilder mit der Aufschrift: „For Sale“ oder „For Rent“ erblickte. Im San Diego-Hafen war etwas mehr Leben. Hier lag unter anderem die Pensacola, ein amerikanisches Kriegsschiff älterer Konstruktion aber mangelhafter Seetüchtigkeit. Ruderboote gingen dort hin und her mit Besuchern des Schiffes, auf dem ein lustiges Leben herrschte. Eine Kapelle von ungefähr zwölf Mann spielte zum Tanze auf und, wenn es auch erst Nachmittag war, florierte an Bord ein solenner Ball, an welchem sich jeder beteiligen konnte, der Lust zum Tanzen hatte. Nicht weit von der Pensacola lag auch das gefangengenommene chilenische Schiff, die Itata, die mehr wie ein kleiner Handelsdampfer als wie ein Kriegsschiff aussah. Einen Besuch dieses Schiffes konnte ich mir nicht versagen und ließ mich auch dort heranrudern. Die Mannschaft daselbst samt der sie bewachenden amerikanischen Offiziere führte ein behagliches Leben. Es wurde dort tüchtig gezecht und war in der Tat ein fideles Gefängnis, dem es auch an Besuchern nicht fehlte. Hier inmitten dieser herrlichen Gegend, die nur dazu angetan war, des Menschen Auge und Herz zu erfreuen, verbrachte ich einige Tage im dolce far niénte, die letzten Tage unter zivilisierten Menschen für lange Zeit. Am vierten Tage langte das Klavier an und nun wurde die Sache ernst. Zunächst vervollständigte ich meine zur Reise nötigen Einkäufe, die in San Diego weit billiger zu machen waren, als im mexikanischen Ensenada. Eine Menge Blechbüchsen mit Früchten, Fleisch und Konserven, 20 Pfund Erbswurst, eine gute Axt, einiges Handwerkszeug, 50 Meter Seil und ein vollständiges Zelt mit Hängematte wurden gekauft und nach dem Hafen versandt. Die Firma Brown and Haskell hatte mir zudem noch einen Stimmschlüssel nachgesandt, für den Fall, daß nach der Ankunft am Bestimmungsort sich einige Töne verzogen hätten. Am gleichen Abend ging das Schiff Newbern mit all meiner Habe in See. Der Abschied wurde mir doch ein wenig schwer, als wir beim Point Loma den offenen Ozean erreichten, und noch lange blickte ich dem schimmernden Hotel-Palast nach. Eine herrliche Nachtfahrt folgte, bei der nur eines sehr lästig war — die vielen Flöhe auf dem Schiff.

Sobald der Tag graute, war ich an Deck, um mir die mexikanische Küste anzusehen, an der wir direkt entlang fuhren. Eigenartige Felspartien waren es, die im Glanze der eben hinter den Bergen aufgehenden Sonne vor mir lagen. Völlig kahl, ohne jedwede Vegetation die Landschaft, an deren Fuße der grelle weiße Sand mit dem reinen Blau des Ozeans als gerade Wasserlinie abschloß. Ein Schiffsbeamter, mit dem ich ein Gespräch angeknüpft hatte, erklärte mir die imposanten, geradezu grotesken Höhen, von denen manche noch gar keine Namen besaßen. Eine der interessantesten Stellen des konstant wechselnden Bildes bot die Umgebung des Cerro mesa, deutsch Tafelberges, den wir eben passierten. Begeistert von der nie zuvor ähnlich gesehenen Landschaft konnte ich es mir nicht versagen, vom Schiff aus eine getreue Zeichnung anzufertigen, die der Leser auf dem Titelblatt des Büchleins wiedergegeben findet.

Bald darauf langten wir in Ensenada an. Das heißt am Ende einer langen, langen, weit ins Meer hinausreichenden Mole wurde das Klavier und alles andere abgeladen und hingestellt. Aber kein Mensch war da, um die Sachen, die da draußen mitten im Meere standen, ans Land zu befördern. Auf der Mole war auch kein Schienengeleis für einen Transportwagen.

In weniger als fünf Minuten war der Newbern wieder im Gange, weiter südwärts nach Guaymas steuernd, und mich, den einzigen Passagier, der ausstieg, mit der ganzen Habe allein ließ. Kein Mensch war zu sehen, kein Boot oder Wagen. Ein eigentümliches Gefühl überkam mich in der Einsamkeit, die so sehr gegen die vorangehenden Tage kontrastierte, die ich aber später noch ganz anders kennen lernen sollte.

Die mich jetzt umgebende Landschaft war sehr eigenartig. Im Lande drin das hohe Gebirge, das bis 12000 Fuß hinanragte und in seinen grotesken Formen mehr der Oberfläche des Mondes glich. Darin das blaue Meer mit der Todos Santos Bay, in der in reinsten Farben noch einige Inseln wie Riesenkrokodile malerisch lagen. Alles aber machte insgesamt einen starren Eindruck. Nirgends, so weit das Auge reichte, war irgend welche Vegetation zu entdecken, kein Baum, kein Strauch, in dem sich Vögel tummeln konnten. Nur am Strande belebten Pelikane fliegend und schwimmend die weißleuchtende Küste.

Die Arme untergeschlagen und mit dem rechten Zeigefinger auf der Unterlippe stand ich da auf der Mole und dachte: — „Was nun?" —

Links oben auf der Anhöhe war ein einziges anständiges Gebäude, das, wie sich später herausstellte, das Hotel war. Unschlüssig stand ich immer noch auf der Mole, darüber nachdenkend, was zu tun sei. Gestohlen konnte hier draußen zwar nichts werden, das stand fest. So riskierte ich denn, die gesamte Habe zu verlassen und mich ans Land zu begeben.

Wohl zehn Minuten dauerte der Weg und erlaubte mir zur Genüge, die zirka 400 Einwohner zählende, aus Holzbuden, Baracken und Zelten bestehende Ortschaft zu betrachten. Dem Festlande näherkommend, sah ich zu meiner Freude dicht am Anfange der Mole ein kleines Holzhäuschen, aus dem ein Mann im Sombrero herauskam.

Ach, endlich ein lebendes Wesen in der Einöde!

Der Mexikaner kam mir entgegen und erschien mir wie ein Retter in der Not. Nach freundlicher Begrüßung, währenddessen ich ihn um Rat frug, willigte der gute Mann ein, sich zuerst mal meine

Güter anzusehen und machte mit mir den langen Weg noch einmal zurück. Am meisten schien ihm der große Kasten mit dem Klavier zu imponieren, nach dessen genügender Würdigung er von mir 300 Dollars verlangte.

Was? — Es war der Steuerbeamte!

Jetzt brach mir der Schweiß auf der Stirne aus, denn ich hatte kaum die Hälfte dessen bei mir. Aber der Beamte war ein guter Kerl und ließ mit sich reden. Ich holte eine amerikanische 10 Dollarnote hervor, machte davon einen Fidibus und steckte denselben als persönliche Dedikation an seinen Sombrero. Nun erschienen ihm die sämtlichen Dinge weit wertloser und nach einer weiteren Zahlung von 10 Dollars, letztere gegen Staatsquittung, ließ er mich von dannen ziehen.

Jetzt waren die Sachen zwar verzollt, standen aber trotzdem noch ebenso bombenfest dort als wie sie hingesetzt waren. Eine Gefahr des Verregnens war ja ausgeschlossen, da es in der Gegend jährlich nur ein- oder zweimal regnet. Der Beamte versicherte mir, daß für mehr als eine Woche keine weitere Landung zu erwarten war, versprach auch von seinem Häuschen aus die Wacht über meine Habe zu übernehmen und so riskierte ich denn, die Mole zu verlassen und die Stadt zu betreten.

Vor allem erklomm ich die kleine Anhöhe, wo das von einem rothaarigen Amerikaner betriebene Hotel Buena Vista stand. Dort mietete ich ein Zimmer und ließ mir sogleich einige Sachen von der Mole hinaufbesorgen, was ich vom Fenster aus beobachten konnte. Nunmehr wurde ein kleiner Bummel durch die Stadt unternommen, die mir als Neuling viel Interessantes versprach.

Zwei bemerkenswerte Punkte gab es: Erstens die Plaza, der Marktplatz, auf dem wöchentlich Handel mit Maultieren und Eseln betrieben ward; zweitens die Citadella, wo eine Abteilung von Soldaten lag. Im Hintergrunde der Stadt entdeckte ich zuletzt noch einige Bäume, in deren Nähe sich ein kleiner Teich befand, dessen Wasser, das von den Höhen heruntersickerte, das Trink- und Nutzwasser von Ensenada abgab.

In mein Hotel zurückgekehrt, erfuhr ich dann einiges über mein Reiseziel Alamos, das eine 62 Meilen weit in der Wüste gelegene neue Goldmine sei, wohin ein gewisser Douglas mit seinem Sohne abwechselnd per Postkutsche wöchentlich zweimal Passagiere befördere. Doch einen Weg dahin gab es nicht und man benutzte hauptsächlich ein ausgetrocknetes Flußbett als Fahrstraße, bis man ans Gebirge gelangte. Freilich war da ein Paß von fast 5000 Fuß Höhe zu übersteigen, wenn man nicht einen großen Umweg durch nichts als Sand machen wollte. Douglas selbst fährt über den Paß und Alamos liegt 2000 Fuß über dem Meere hinter dem Gebirgskamm. Der Umweg durch die tierra caliente sei aber mit vielen Gefahren verbunden. Erstens die enorme Hitze, die täglich bis 130 Grad dort käme, dann die besonders giftigen Klapperschlangen, deren Biß unwiderruflich in zehn Minuten töte, wogegen auch kein Whisky mehr zum helfen Zeit habe. Ferner das Vorhandensein von Flugsand, der genau wie andrer Sand aussieht, in dem aber jeder, der sich darauf begibt, rettungslos versinkt. Außerdem könne man in der Sandwüste durch Fata

Morgana leicht vom Wege abkommen und, da auf der ganzen Strecke bis Alamos kein Wasser existiert, vor Durst ums Leben kommen. Zahlreiche Skelette von Mensch und Tier, die in der Sonne gebleicht dort liegen, zeigen den Ernst der Lage an.

Das waren ja trostlose Aussichten, die ich mir törichterweise nur selbst geschaffen hatte! Wäre ich doch zu Hause geblieben, mich in Santa Monica gemütlich auszuruhen, oder auch auf der Catalinen-Insel, wo ich im vorigen Jahre einen Monat zugebracht hatte. Dort hätte ich auch Ruhe und Zeit zum Komponieren finden können.

Dabei gedachte ich der Eltern und Geschwister in der deutschen Heimat, von denen keiner das Geringste hätte erfahren können, falls ich hier eines simplen Klavieres wegen ums Leben kommen würde. Jetzt aber half keine Sentimentalität, sondern nur handeln.

In der darauffolgenden Nacht blieb das Klavier und alles andere vom Steuerbeamten bewacht auf der Mole und am andern Morgen begab ich mich zur Plaza, um zuverlässige Leute zum Transport nach Alamos zu finden. Bei der Faulheit der Mexikaner aber schien dies geradezu unmöglich, trotz sehr hohen Lohnangebotes meinerseits. Zudem sahen die sämtlichen Gestalten dort derartig unheimlich aus, daß, wenn einmal in der Wüste angelangt, mich diese Kerls sicherlich massakriert und beraubt hätten.

Die einzige Hilfe schien nun die Citadella, die etwas außerhalb der Stadt lag, wo ich einen auf einer niedrigen Mauer sitzenden Soldaten, der seine Papiros behaglich rauchte, ansprach und um Feuer bat. Sein anfangs vom Sombrero verdeckt gewesenes Gesicht wurde nun sichtbar, und mit Entsetzen zurücktaumelnd, sah ich — der Mann mußte irgend eine Augenkrankheit haben — die tief herabhängenden vereiterten unteren Augenlider, in welchen Fliegen saßen und sich vollsogen. Dies schien den wackeren Krieger dennoch nicht sonderlich zu genieren, denn nur ab und zu, wenn der Fliegen zu viele kamen, jagte er sie mit lässiger Handbewegung für einige Momente fort. Die Lust am Rauchen war mir vergangen und ich war froh, als er mich zu einem Offizier geführt hatte und ich ihn nicht mehr zu sehen brauchte.

Hier erfuhr ich zu meiner Erleichterung, daß für derartige Expeditionen, falls sie vorkommen, zumeist das Militär benutzt wird, da dasselbe für prompte Dienstleistung und persönliche Sicherheit des Karawanenhauptmannes und dessen Ware die beste Garantie leiste. Das leuchtete mir ein. Auch hatte man in der Citadella besondere, für den Wüstentransport speziell geeignete Transportwagen mit sehr breiten Rädern, sowie mit starken Segeltuchplanen überdeckt. Ich selbst hatte mir nun ein Pferd zu kaufen, was ich zur ferneren Befestigung des guten Einvernehmens direkt vom Offizier erwarb. Und hier ereignete sich der für deutsche Verhältnisse unverständliche Fall, daß das Pferd (resp. Maultier) billiger war, als der Sattel.

Es wurden mir nun einige zuverlässige Soldaten ausgewählt, drei Mann und zwei Wagen, sowie fünf Maultiere. Der tägliche Lohn pro Mann war auch kein zu hoher und so wurden wir leicht einig.

Einer meiner Soldaten hatte einen ähnlichen Transport nach Alamos einmal geleitet, allerdings kein Klavier, und war mit der Strecke gut vertraut. Der Betreffende, Rodriguez mit Namen, war ein freundlicher und intelligenter Mensch und verstand auch zu kochen, was sehr zustatten kam, da meine damaligen Kenntnisse in der Kochkunst sich nur auf die Zubereitung von Erbswurstsuppe oder eines Steaks beschränkte.

Am nächsten Tage wurde alles Notwendige besorgt, einige dringend angeratenen Einkäufe noch bewirkt, und tags darauf am 2. August um 6 Uhr früh ward aufgebrochen. Die Militärwagen fuhren auf die Mole, wo unter großen vereinten Anstrengungen das Klavier auf den stärksten, die übrigen Sachen auf den leichter gebauten Wagen gepackt wurden.

Um sieben Uhr verließen wir die Stadt, hinter der wir, nach Überwindung einer kleinen Anhöhe wieder herabsteigend, bald das erste Flußbett als Fahrstraße benutzten. Ich war nun auch völlig als Mexikaner gekleidet. Einen großen Sombrero hatte ich am Abend vorher noch im German store gekauft und meinen bis dahin getragenen Strohhut einer der mich neugierig umstehenden Señoritas geschenkt, zu deren größtem Entzücken. Als nunmehriger Karawanenhauptmann fühlte ich mich groß und hätte mich am liebsten inmitten meines Zuges photographieren lassen. Wir kamen auch in der Tat gut vorwärts und es schien Hoffnung vorhanden, daß wir in 4—5 Tagen am Ziel anlangen würden, wenigstens bildete ich mir das ein, da ich den Maßstab an Douglas nahm, der die Reise stets in zwei bis drei Tagen machte.

Höchst eigentümlich waren die uns umgebenden Felsformationen, die entschieden vulkanischen Ursprungs waren. Auch das Fehlen jedweder Vegetation mit Ausnahme einiger gelegentlichen halbvertrockneten Kaktussträucher berührte sonderbar, doch gewissermaßen beklemmend. Man hatte das Gefühl, als sei man nicht auf der Erde, sondern auf einem unbewohnten erstorbenen Gestirn. Dabei war die Luft von einer Klarheit, wie sie noch die des amerikanischen Californiens weit übertrifft. Keine menschliche Spur, so weit man sehen konnte. Nichts als Sand, Felsen, große Steine und sehr hohe Berge, denen wir bereits näher rückten. Ein klarer, blendend blauer Himmel ohne Wolken dehnte sich über uns aus und alles andere erstrahlte in den grellsten Farben.

Rodriguez, der mich schweigend beobachtet hatte, kam zu mir herangeritten und fragte: „Wohnen Sie auch in solch schöner Gegend, Señor?“ — So eigenartig diese Frage schien, war sie doch in mancher Hinsicht nicht so unberechtigt. Denn schön, wirklich erhaben schön ist auch die Wüste. Die herrlichen glühenden Farben, welche dieselbe am späten Nachmittage, so ungefähr halb fünf Uhr annimmt, das tiefe klare Blau der fernen Berge, die bis 120 englische Meilen weit jede Felsecke deutlich erkennen lassen, ferner das geradezu glühende Rot, in dem die näheren Gegenstände dann bis Sonnenuntergang erstrahlen, dies alles ist erhaben schön. Ich mußte meinem Führer Recht geben, daß große Naturschönheiten auch in der Wüste zu finden waren. War es doch nur die Freude an der Natur, die mich solche verlassene Gegenden aufsuchen ließ und zu derartig abenteuerlichen Reisen veranlaßte.

Um 12 Uhr wurde Halt gemacht, die Maultiere wurden ihrer Fesseln entledigt und balgten sich vergnügt wie Kinder herum. Rodriguez bereitete unterdessen mit ziemlichem Geschick das allgemeine Mittagsmahl, nach dessen Verzehrung eine mehrstündige Siesta gehalten wurde. Es herrschte eine enorme Hitze. Um drei Uhr setzten wir uns wieder in Bewegung und die Reise ging ohne Zwischenfall weiter, auch ohne das geringste Zeichen irgendwelcher Tierwelt, bis wir schließlich vor uns in blauen Umrissen die scharf umränderte Stelle des Gebirges erblickten, die wenn auch noch sehr in der Ferne liegend, von uns später überwunden werden mußte.

Es war schon am späten Abend, da erreichten wir ein altes zerfallenes Kloster, welches von einer stubenhohen Kakteenhecke teilweise umgeben war. Derartige Hecken finden sich auch gelegentlich im amerikanischen Californien, und sind es dort zumeist die Indianer, die dieselben als Schutzwall gegen ihre Feinde künstlich um ihre Dörfer herum anlegen. Da kommt kein Feind durch, denn diese Hecken sind auch sehr breit angelegt. Hier müssen es aber Mönche gewesen sein, die diese lebende Schutzmauer errichtet haben. Vier kümmerliche Dattelpalmen überragten die Ruine, welche mitsamt ihrer Umrahmung ein stimmungsvolles Bild der Vergänglichkeit und Verlassenheit abgab.

„Hier drin werden wir wohl übernachten?“

„O! Señor, Don! Da würde keiner von uns lebendig wieder herauskommen. Solche Ruinen wimmeln von Klapperschlangen, Taranteln, Tausendfüßen und Skorpionen. Da drinnen wird mancher Unerfahrene sein Leben verloren haben, der nachher von Coyoten aufgefressen worden ist.“

„Haben wir denn Coyote hier? Bis jetzt war ja nichts von irgend einem Tier zu entdecken."

„Ja, Señor, Ihr Auge ist noch nicht an die Wüste genügend gewöhnt, um alles zu sehen. Warten Sie nur, bis es erst Nacht ist, dann werden Sie schon was zu hören bekommen."

„Wenn in der Ruine so viel Ungeziefer steckt, so wollen wir doch mal ein lustiges Feuer machen und die Bude ausglühen."

„Carramba, da würden wir zuerst das ganze Viehzeug und später sämtliche Katholiken uns über den Hals laden."

Eigentlich hatte Rodriguez recht, denn es hätte ja absolut keinen Zweck gehabt, die alte Ruine einzuäschern.

Währenddessen wurde alles zum Nachtaufenthalt vorbereitet. Die Zelte wurden aufgeschlagen, was bei den Soldaten sehr schnell von statten ging. Rodriguez, der etwas abseits vom Lager ein Feuer gemacht hatte, war wieder der Koch und überraschte uns bald mit einem echt mexikanischen Gericht „Tamales", das ich zwar in Los Angeles gelegentlich von Mexikanern auf der Straße hatte verkaufen sehen, aber selbst noch nie versucht hatte.

Bald darauf legten wir uns zur Ruhe, denn am anderen Morgen sollte sehr früh aufgebrochen werden. Doch die tagsüber so ausgestorbene Wüste schien sich zu einem nächtlichen Tanzplatz vieler auf Raub ausgehender Tiere zu gestalten. Besonders herrschte das Klagegeheul der Coyote vor, das bald näher bald ferner, und einmal dem Heulen von Hunden, dann dem Weinen eines Kindes ähnelnd, höchst unheimliche Gefühle wachrief. In dem Bewußtsein aber, daß die Karawane nun im Gange war, und wir bereits eine ansehnliche Strecke zurückgelegt hatten, kam bald der stärkende Schlaf.

Auch am nächsten Tage kamen wir flott vorwärts und nur am Nachmittage, als die Steigung begann und der Sand lockerer wurde, erlahmte die sonst heitere Unterhaltung. Das Flußbett hatten wir bereits verlassen und unsere Richtung war jetzt eine südöstliche, und das Hochgebirge lag jetzt gerade vor uns.

Auf dem ersten Plateau, das zu erklimmen große Schwierigkeiten verursachte, so daß wir unsere Wagen je mit fünf Maultieren bespannt nur nacheinander hinaufbrachten, wurde Halt gemacht, und das zweite Nachtquartier aufgeschlagen. Hier lagen viele Blechbüchsen umher verstreut, ein Zeichen, daß dieser Fleck schon manchem als Raststätte gedient hatte.

Rodriguez sagte, daß wir bereits 38 Meilen, also die gute Hälfte des Weges, zurückgelegt hätten.

Der Abend senkte sich bald und wir saßen beim Nachtmahl, da — halt! — was war das? — Trompetenton! Unmöglich! Hier in der Wüste?

Rodriguez sagte: „Das ist der Douglas, der seinem Sohn signalisiert. Die beiden treffen sich hier und wir werden Gesellschaft haben. Der Alte ist gestern in Ensenada abgefahren samt seinen Insassen und der Post, und der Sohn kommt von Alamos ihm entgegen vom Gebirge herunter. Es wird nicht lange dauern, da hören wir ihn auch blasen. Morgen früh geht jeder seinen Weg weiter. Der Alte ist abends in Alamos und der Sohn übermorgen in Ensenada. Sie haben Gelegenheit, noch einige Postkarten zu schreiben, welche die Herren mitnehmen können."

In wenigen Minuten waren die Ensenadier angelangt in der dreispännigen Postkutsche und es erfolgte die Vorstellung. Vier Herren waren es, alle bewaffnet bis an die Zähne; wie es schien, waren alle Amerikaner. Während wir noch im heiteren Gespräch sind, ertönt von der Gebirgsseite her „La Paloma" auf der Trompete geblasen.

Welch herrlicher Moment zum aufjubeln!

Der alte Douglas feuerte einen Schuß in die Luft, und es dauerte nicht lange, so hörten wir das dumpfe Rollen des herannahenden Wagens, durch das sich nach und nach Klänge von Mandoline und Gesang durch die dunkle Nacht vernehmen ließen. Jetzt kamen sie heran und machten Halt.

„Hallo father!" ruft freudig der Sohn, „There we are once more." —

„Thanks God, my boy, is every thing all right?"

„Yes, father."

Dabei sprang der junge Douglas vom Bock und ein mexikanisches Ehepaar stieg aus, sowie ein junger Amerikaner namens Mr. Long. Wir waren nun zwölf Personen, die sich so zufällig in der Einöde hier gefunden hatten.

Merkwürdig! Wie auch die Menschen untereinander sich bekämpfen, sich gegenseitig den Rang ablaufen, um bestehen zu können, wie besonders in jenen Gegenden der eine oft des andern Tod ist, gehören sie doch alle zusammen. Dieselbe Beobachtung läßt sich auch bei längeren Seereisen machen, wenn sich in der weiten Wasserwüste Schiffe nahe begegnen.

Jeder winkt dann dem anderen Schiffe zu und die Herzen schlagen höher, einmal wieder Menschen gesehen zu haben, die einem im Grunde genommen gar nichts angehen.

In diesem Sinne herrschte auch hier bei uns die gehobene Stimmung, in der jeder sich befand. Denn alle Sorgen waren für den Moment vergessen und inmitten der Gefahr herrschte ungebundenste Fröhlichkeit. Jeder war eines jeden Freund.

Eine Erleichterung war es auch für mich, als die allgemeine Unterhaltung nun hauptsächlich in Englisch geführt wurde, das mir natürlich viel geläufiger war, als das Spanische.

„Was haben Sie denn da für eine große Kiste, da haben Sie wohl einen grauen Bären drin?“ frug einer der Herren, nachdem deren Abendessen vorbei war.

„Da ist ein neues Klavier darin“, sagte ich, „das geht nach Alamos.“

„Nach Alamos!“ rief der alte Douglas kopfschüttelnd, „da werden Sie mit dem schweren Dinge den Paß nicht hinaufkommen.“

„Nanu, ich habe doch nötigenfalls fünf Maultiere!“

„Ja doch, wo soll denn unterdessen Ihr anderer Wagen bleiben? Dabei die langsame Fortbewegung. Vergessen Sie nicht, daß wir graue Bären im Hochgebirge haben. Wir mit unserem leichten und schnelleren Wagen können uns viel eher der Aufmerksamkeit des Grizzli entziehen, als Sie mit Ihrer langsamen Karawane, denn der Bär sieht schlecht, wenn er auch ein schneller Läufer ist. Außerdem hat der Grizzli jetzt Junge und ist doppelt reizbar.“ —

„Well, da muß ich wohl den längeren Weg durch das Tiefland machen?"

„Das Tiefland! Das ist das Death-Valley von Mexiko, wenn auch nicht so lang als das californische, aber fast ebenso schrecklich. Dort in dem Kessel versinken Sie am ersten Tage mit dem Klaviere im Sande, um nie wieder herauszukommen."

Während dieser Unterhaltung war des Alten Sohn auf einen nahen Felsen gestiegen und blies wiederum auf seiner Trompete die Paloma in die Nacht hinein. Etwas anderes schien er nicht blasen zu können, es klang aber dennoch schön und stimmungsvoll.

Die Gesellschaft kam in musikalischen Geschmack, und ich hörte jemand sagen: „Da haben wir nun in der Wüste ein ganz neues Klavier und keiner kann spielen."

„Mr. German," rief Mr. Long, „können Sie Klavier spielen?"

Ich sage: „Ja, ein bißchen".

Im Nu stürzte sich alles auf den Wagen. Der Kasten wurde aufgerichtet, die Frontseiten losgeschraubt und eine Kiste davorgesetzt. Dann packten mich zehn Hände, hoben mich auf den Wagen und setzten mich vor das Instrument. „Nun los!" hieß es.

Alle drohenden Sorgen für die kommenden Tage hatte ich für den Augenblick vergessen, und dies war vielleicht ganz gut. Durch diese eigenartige Situation in begeisterte Stimmung versetzt, spielte ich jetzt das Vorspiel zu den Meistersingern. Es war ein herrliches Klavier und stimmte glockenrein. Die festfröhliche Stimmung der Komposition übertrug sich mit elektrischer Geschwindigkeit auf die ganze Gesellschaft, der ich nun als zweite Nummer den Donauwalzer zum besten gab. Dazwischen ertönte gelegentlich das Klagegeheul eines Coyote oder Wolfes. Doch das gruselige dieser Klänge war für uns verloren gegangen, denn es herrschte nur sorgenloseste Fröhlichkeit.

Der alte Douglas sagte: „Sie werden mit Ihrem Klavierspiel viel Geld in Alamos verdienen, d. h. falls Sie bis dahin kommen“.

Von einigen der Reisenden wurden nun Mandolin- und Guitarrevorträge zu Gehör gebracht, wozu sich dann Gesang gesellte. Nach einigen Stunden des Musizierens verlangte aber der Schlaf seine Rechte und jeder begab sich zur Ruhe in sein Zelt resp. Wagen.

Für eine lange Zeit sollte dies der letzte fröhliche Abend gewesen sein, wie der Leser bald erfahren wird.

Am anderen Morgen weckte Trompetenton die Schläfer. Jeder war mit sich beschäftigt, denn jetzt galt es wieder den Kampf ums Leben aufzunehmen. Ich konnte aber nicht unterlassen, den alten Douglas nochmals um Rat zu fragen, der aber ein sehr bedenkliches Gesicht machte.

„Mr. Douglas,“ sagte ich, „sind Sie niemals durchs Tieftal gefahren?“

„O ja, einmal allerdings,“ antwortete dieser, „damals war es mit einigen mining prospektors, die herausfinden wollten, ob dort Gold sei. Sie fanden keines. Einer von ihnen ist aber von der Hitze verrückt geworden und mußte auf dem Platze bleiben, denn seine Leiche war so schnell in Verwesung übergegangen, daß der Transport unmöglich wurde. Vielleicht war er an seinem Tode selbst mit Schuld, denn trotz meiner Warnung konnte er sich nicht versagen, wenn er besonders erschöpft war, Whisky zu sich zu nehmen. Die beiden anderen Amerikaner waren angesichts der großen Gefahren dort, sowie durch den Tod ihres Kameraden sehr eingeschüchtert worden und versprachen mir unter dem Eindrucke, falls Gold entdeckt sei, mit mir teilen zu wollen. So kamen wir auch an die Stelle, wo jetzt Alamos ist, und wo sie längere Zeit mit Untersuchungen beschäftigt waren, was dort durch das Vorhandensein von Wasser leichter ging. Doch erfuhr ich nicht, daß etwas gefunden wurde, obgleich ich sehr aufpaßte. So zog ich denn mit den beiden weiter bis St. Quentin, von wo uns der kleine Dampfer Caspar wieder nach Ensenada zurückbrachte. Doch die Desperados hatten mich hintergangen. Heimlich hatten sie vom Staate das ganze Areal für einen Dobidollar pro Acker gekauft und auf einmal wurde dort Gold — entdeckt! Die besten Zellen behielten sie für sich und die anderen wurden für den hundertfachen Preis an andere Diggers verkauft, von denen viele betrogen waren. Es sollte allerdings kein Segen auf dem so heimtückisch erworbenen Besitztum ruhen, denn bald stritten diese Schufte sich um ihren enormen Reichtum. Und eines nachts schoß der eine dem anderen, als er in seinem Zelte schlief, durch die Leinewand hindurch eine Kugel durch den Kopf. Der übrig gebliebene starb bald darauf am Biß einer Klapperschlange, die ihm ins Bett gelegt gewesen sein soll. Ich aber spiele heute noch den Fuhrmann und bin ganz zufrieden damit."

Währenddessen hatte Douglas seine Pferde angespannt und forderte die Passagiere zum Einsteigen auf.

Infolge meiner nochmaligen Frage um Rat empfahl er mir, Bretter als Schienen unterzulegen und fort ging es den Bergen zu. Der junge Douglas reiste auch ab mit dem mexikanischen Ehepaar und wir waren wieder allein.

Es wurde nun mit Rodriguez und den anderen Soldaten Rat gehalten betreffs dessen, was zu tun sei. Denn was hätte es schließlich genützt, wenn wir hier auf dem Plateau für eine oder zwei Stunden weiter gekonnt hätten? Die Sorge betreffs der Lebensmittel und des Wassers nahm dabei bedenkliche Formen an, und die Frage — „was nun?" — drängte sich zum zweiten Male auf. Bretter sollte ich nehmen; aber Bretter hatten wir nicht. Und doch schien des Douglas Rat die einzige Lösung. Damit war auch mein Entschluß schnell gereift.

„Rodriguez!" sagte ich, „uns bleibt nichts anderes übrig, als daß ich mit Ihnen mit dem leichteren Wagen nach Ensenada zurückfahre und dort Bretter kaufe sowie mehr Lebensmittel. Wie lange wird es dauern, bis wir damit zurück sind?"

„Wenn alles gut geht, vier Tage, Señor."

„Dann wollen wir beide sofort aufbrechen, um morgen abend noch in Ensenada zu sein."

Die beiden anderen Soldaten wurden beordert zu warten, bis wir am vierten Tage mit Verstärkung zurückkehren würden. Das paßte denen aber durchaus nicht. Wir stellten ihnen demnach anheim, daß, wenn wir am vierten abends 8 Uhr nicht einträfen, sie wenn sie wollen, das ganze Gepäck stehen lassen und nach Hause kommen könnten. Lebensmittel hatten sie noch genug für eine ganze Woche.

Zum Glück war ich vorsichtig genug, ihnen den Lohn bis dato nicht auszuzahlen, denn sonst wären sie am Ende davongelaufen.

Eine Stunde nach Abreise der anderen Parteien waren wir beide wieder auf dem Rückwege, welcher mit dem leichten leeren Wagen und drei Maultieren davor sehr schnell bewältigt wurde.

Ich hatte unterdessen während der Fahrt Zeit, mir ein mathematisches System auszudenken, nach welchem der hölzerne Schienenplan ausgeführt werden sollte. Acht Bretter, vier Parallelpaare, brauchte ich, und die mußten nach meiner Berechnung je fünf Meter lang sein. Es war berechnet, daß außerhalb eines jeden Bretterparallels, mit Ausnahme des vorderen, an jeder Seite ein Mann stehen mußte. Dies waren sechs Bretterträger. Dann, nachdem die Wagen auf den Schienen im Gange wären, sollten die hinteren Bretterparallele von je zwei Mann aufgehoben und vier Brettlängen weiter nach vorn (also 20 Meter) vor den Wagen niedergelegt werden. Auf die beschriebene Art hatte abwechselnd jede Reihe Männer eine kleine Pause zum Ausruhen, während diese nur eine Bretterlänge zurückzuschreiten hatten, dabei aber die Wagen fünfzehn Meter vorrückten. Die Männer konnten auf diese Weise auch fast zwei Parallelen als Weg benützen, anstatt die ganze Strecke im Sande zu laufen.

Nachdem ich bei Gelegenheit einer kleinen Ruhepause auf Papier eine Skizze von dem System gemacht hatte, wurde dieses auch dem Rodriguez klar und er frug, wer dann die Pferde führen sollte. Dieser Punkt fand seine Erledigung in einer ganz unerwarteten Weise, wie wir später sehen werden.

Kurz und gut, gegen fünf Uhr gelangten wir wiederum an das zerfallene Kloster, wo wir die Reisegesellschaft des jungen Douglas noch antrafen, wie sie gerade von einer mehrstündigen Rast wieder aufbrach, um vor der Nachtruhe noch um einige Meilen westlicher zu gelangen. Gern hätten wir gleich mit denen zusammen die Fahrt fortgesetzt, doch unsere Maultiere hatten an dem Tage nach meinen Begriffen schon genug geleistet.

Als am Spätnachmittage des nächsten Tages die Strahlen der Sonne weniger vertikal auf uns fielen, war unser Wagen seinem Ziele schon sehr nahe entgegengerollt, und um sieben Uhr des Abends erreichten wir Ensenada, wo auf der Veranda des Hotels eine kleine Gesellschaft von Mexikanern und Amerikanern beim Whisky mit Soda oder Milkshake saß und plauderte.

Rodriguez war mit unseren Maultieren gleich nach der Citadella gefahren, wo er übernachtete. Die letzteren sollten überdies ihren Anteil an der Expedition hinter sich haben, da Rodriguez meinte, daß diese zu erschöpft sein würden, gleich morgen die beschwerliche Reise fortzusetzen.

Ich muß gestehen, daß mich dieser tierfreundliche Zug bei dem rauh dreinschauenden Sohn der Wüste angenehm berührte.

Mit der glücklichen Landung in Ensenada war aber mein Tagewerk durchaus noch nicht als beendet anzusehen, so verführerisch es auch gewesen wäre, sich sofort mit auf die Veranda zu den Gästen zu setzen und sich als großen Wüstenreisenden bewundern zu lassen. Denn der junge Douglas hatte die Geschichte von meiner hirnverbrannten Mission, sowie von dem Konzert in der Wüste erst einige Stunden vorher bei den Ensenadiern brühwarm verbreitet und so für meine Wenigkeit ein reges Interesse geschaffen. Trotz alledem machte ich mich sofort auf nach dem German store, um die Bretter zu bestellen und auf die geforderte Länge zurechtsägen zu lassen. Neben noch vielen anderweitigen Anschaffungen wurden eine Menge in Blechbüchsen eingemachte Früchte und Gemüse gekauft, sowie auch zwei lebende Hammel, die auf der Reise mitlaufen mußten. Es wurde auch nicht versäumt, eine große Portion Insektenpulver als etwas Unentbehrliches mitzunehmen. Nichts war also vergessen worden. Dies alles aber, insbesondere die Bretter, kosteten ein enormes Geld, eine Summe, die zu begleichen ich in bar garnicht mehr aufzuweisen hatte und deren Bezahlung ich auf den anderen Morgen verlegte, in der Hoffnung, daß sich dann Rat finden würde. Eine grobe Verrechnung aber bei den nötigen Anschaffungen, oder gar ein Unfall mit unseren Lebensmitteln könnte für uns alle den sicheren Tod bedeuten. Die genaue Kalkulierung alles dessen war daher keine Kleinigkeit, denn jetzt hieß es, sieben Menschen und ebensoviele Maultiere, sowie zwei Hammel auf ungewisse Zeit zu ernähren.

Nach gewissenhafter Erledigung dieser Angelegenheiten ging es ins Hotel zurück, wo die Gäste immer noch auf der kühlen Veranda saßen. Unter denselben befand sich ein junger Amerikaner namens Mr. Ferris, den die erzählten Erlebnisse in eine helle Begeisterung versetzt hatten und dem ich bei meiner Ankunft fast wie ein Stanley oder Livingstone erschienen war.

Mr. Ferris hatte kein eigentliches Reiseziel. Er war sozusagen was auch ich war: „Weltenbummler". Dabei schien er ein sehr wohlhabender Mann zu sein, in welcher Hinsicht er sich von mir allerdings wesentlich unterschied. Aus dem fernen Osten kommend, war er vom Hotel del Coronado aus per Bahn bis nördlich von Tia Juana, der ersten mexikanischen Ortschaft gefahren, wo er eigentlich nur gute Zigarren kaufen und zurück über die Grenze schmuggeln wollte. Dabei hatte er sich auch das an der Grenze angesichts des Ozeans postierte Monument angesehen. Doch dieses schöne Land mit der fremden Sprache, der malerischen Kleidung seiner Einwohner und den hübschen braunen Señoritas mit dem rabenschwarzen Haar und den feurigen Augen hatten den kaum 22jährigen netten Menschen derart begeistert, daß er noch weiter gehen wollte.

So war er denn von dort aus per Wagen über Vallecitos und Burro am Cerro mesa vorbei durch die wüste, sandige Gegend bis Ensenada gefahren, um von dort nach einigen Tagen — natürlich mit einem großen Sombrero auf dem Haupte — nach den Vereinigten Staaten zurückzukehren.

Die Kunde von meiner Expedition hatte den Mr. Ferris so enthusiasmiert, daß er mich flehentlichst bat, ihn mitzunehmen, er wolle auch gern seinen Anteil an den Kosten bezahlen. Alle meine Vorstellungen über die großen damit verbundenen Gefahren machten den jungen Menschen, den ich in der Tat recht gern hatte, nur noch um so erpichter darauf, alles mitzuerleben. Nachdem er nun in alle Einzelheiten seines keineswegs leichten Dienstes eingeweiht war, er auch sofort 100 Dollar baren Geldes zur Verfügung gestellt hatte, willigte ich ein, ihn mitzunehmen und er wurde der gesuchte siebente Mann.

Doch schließlich mußte ich den Mr. Ferris aufs energischste zur Ruhe weisen, der am liebsten die ganze Nacht mit mir verplaudert hätte.

Am anderen Morgen sehr früh erfolgte eine Unterredung mit dem Offizier der Citadella, der in bezug auf Tausch der drei zurückgebrachten Maultiere wie betreffs Kauf von zwei weiteren, von denen das eine für unseren jungen Freund bestimmt war, sich sehr entgegenkommend zeigte. Zwei weitere Soldaten erhielten wir auch ohne Schwierigkeit geliefert.

Es ging dann zum German store, wo die tags vorher bestellten Bretter aufgeladen wurden. Zum Schluß wurden drei große, mit nassen Tüchern dick bedeckte Fässer mit Wasser unter dem Wagen hängend angebracht.

Direkt vor der Abreise nahmen wir alle, Mensch wie Tier, noch ein kühlendes Ozeanbad, nicht lediglich der Reinlichkeit wegen, sondern weil der Salzgehalt des Wassers, besonders wenn man sich nach dem Bade nicht abtrocknet, einen guten Schutz für drei bis vier Tage gegen die vielen Flöhe in der Wüste gewährt.

Als wir daher fünf Mann stark Ensenada zum zweiten Male verließen, war es bereits acht Uhr und es herrschte schon eine gewaltige Hitze. Unsere frischen Pferde, die zu vieren vor den Wagen gespannt waren, zogen mutig an, obschon die Last keineswegs leicht zu nennen war; und alles sah aus, als ob die Reise diesmal ein Triumphzug werden sollte, um so mehr, als ich die Gegend nachgerade genau kennen mußte, und sozusagen auswendig gelernt hatte.

Diesmal floß auch die Unterhaltung leichter und eine Anekdote jagte die andere. Insbesondere war es das heitere Gemüt des jungen Mr. Ferris, das uns die Strapazen weit weniger fühlbar machte.

Ein Freudenjubel war es dann, der die Luft erfüllte, als wir am zweiten Tage kurz vor Sonnenuntergang unsere beiden wachthaltenden Soldaten erreicht hatten. Unsere Karawane war nun beisammen und bestand aus sieben Mann.

Die beiden treuen Wächter hatten indessen die Zeit nicht unbenutzt verstreichen lassen, sondern einen Teil der zu bereisenden Strecke sondiert, die von hier aus im Süden lag. Sie berichteten daher, daß das Terrain für wenigstens eine halbe Tagereise noch gut passierbar sei, daß aber die Hitze in jeder Stunde des Hinabsteigens ins Todestal enorm steige. Letzteres war freilich eine grauenvolle Aussicht.

In ihrer dreitägigen Einsamkeit hatten die zwei Isolierten sich noch damit die Zeit vertrieben, einige Kaninchen zu schießen, deren Fleisch aber äußerst zähe gewesen sein soll. Kein Wunder wenn die armen Kerle mit lüsternen Augen die beiden Hammel anblickten, von denen der eine noch am gleichen Abend geschlachtet und zum größten Teil verzehrt wurde.

Es war ein äußerst vergnügter Abend, bei dem keiner so ausgelassen vor Freude war, als unser Mr. Ferris, der, wie er sagte, sich noch nie in seinem Leben so köstlich amüsiert hätte.

Am Tagesgrauen des anderen Morgens wurde unsere kleine Schar betreffs des nun beginnenden

Dienstes genau instruiert, und mit einem gewissen Vorgefühl, daß wir alle ernsten Tagen entgegengingen, stiegen wir allmählich in die Tiefen des berüchtigten Tales hinab. Die beiden Wächter hatten nur zu sehr recht gehabt betreffs der Hitze, die jeder Beschreibung spottete, die einem die Haut auf dem Gesicht wie vor einem Schmiedefeuer brennen machte.

Trotz alledem ließ ich nach einigen Stunden eine kleine Probe mit den Brettern vornehmen. Dieselben wurden abgeladen und jeder bekam seinen Posten angewiesen. In kurzer Zeit hatte jeder seinen Dienst kapiert. Sogar unsere Burros (Maultiere) merkten sehr bald, daß es sich auf den Brettern viel besser lief als im heißen Sande, in den sie mehr oder weniger mit den Füßen einsanken. Unser armer Hammel war hierbei zwar recht im Wege; laut blökend lief er immer gerade dahin, wo er am wenigsten gebraucht wurde.

Mit der Zeit erreichten wir durch Übung, daß die Sache schneller ging und die Tiere, auf das Geleis wartend, nicht so oft anzuhalten brauchten. Es war freilich für uns Menschen weit anstrengender, indem wir jeder genau ein Viertel mehr Strecke zurückzulegen hatten als die Maultiere. Diese Arbeit in der schattenlosen Glut war sehr ermüdend und wir mußten entsetzlich schwitzen.

„Nun, wie gefällt es Ihnen jetzt noch, Mr. Ferris?“ sagte ich, ihn lächelnd anblickend.

„O, frist rate Sir,“ war seine Antwort, „denn das ist einmal etwas anderes als das sonst uninteressante Leben ohne Aufregung mit täglich fünf Mahlzeiten“.

Hier warf Rodriguez ein: „Und an Aufregung wird es uns sicher nicht fehlen“.

Länger als eine halbe Stunde hatten wir die Probe nicht ausgedehnt, um nicht unsere Kräfte unnötig zu verschwenden. Die Luft brannte aber auch wie Feuer auf unseren Gesichtern und zitterte nicht, sondern wallte über dem Boden.

Zu Mittag machten wir einen vierstündigen Halt, währenddessen wir ruhten und die Burros gefüttert wurden. Von Schlaf war natürlich keine Rede, denn es war auch unter den Planen allzuheiß. Es gehörte wahrhaftig große Energie dazu, um wieder aufzubrechen.

Wir hatten bis Mittag zirka 10 englische Meilen zurückgelegt, und das war nicht schlecht; aber 40 Meilen mußten noch kommen, denn der Weg nach Alamos durchs Tiefstal war gute 20 Meilen länger.

Unsere Weiterreise wurde aber am Nachmittage mühsamer, denn nach weniger als einer Stunde auf festem Boden war die Gemütlichkeit aus. Die Räder versanken und mit Mühe konnten die Bretter rechtzeitig noch abgeladen und untergeschoben werden, und die Fortbewegung per Schienen ging im Ernst los. Mr. Ferris freute sich sogar darüber und versicherte, daß er die Zeit dafür hätte kaum erwarten können. Wenn auch sehr langsam, so bewährte sich dieses System gut; wir würgten auf diese Art eine gute Stunde weiter, bis wir auf felsigen Boden gelangten, der wie eine Insel im Sandboden erschien. Aus Bedenken, daß wir eventuell während eines solchen Transportes auf Schienen von der Nacht überrascht werden könnten, machten wir Halt, obgleich die Sonne noch nicht untergegangen war.

Hier sollte am anderen Morgen besonders früh aufgebrochen werden, und als die Sonne rechts von uns aufging, hatten wir schon ein gutes Stück auf hartem Boden zurückgelegt. Bald aber mußten die Schienen wieder abgeladen werden, diesmal aber für eine lange Zeit. Es dauerte keine halbe Stunde, so hatte niemand von uns einen trockenen Faden am Leibe. Dann aber folgte der Grad von Abspannung, wo man kein Gefühl mehr hat und auch nicht mehr schwitzt.

Unter häufigen Unterbrechungen quälten wir uns weiter. Jeder war so abgespannt, daß kaum ein paar Worte gewechselt wurden. Meine Idee war, in möglichster Nähe des Gebirges uns zu halten in der Erwartung, daß wir dort vielleicht auf einem Plateau entlang auf festem Boden reisen könnten.

„Wenn wir diese Anhöhe dort erreichen, werden wir für heute gewonnen haben. Wir müssen alle unsere Kräfte daransetzen!"

Die Furcht, von der Nacht überrascht zu werden, trieb uns zu übermenschlicher Ausdauer an, die besonders dadurch auf die Probe gestellt wurde, daß wir langsam anstiegen. Die Nächte hatten damals auch keinen Mond. Daß wir auf dem richtigen Wege waren, merkten wir an den jetzt häufiger werdenden Knochen von Mensch und Tier, auf die wir stießen. Auch menschliche Geräte entdeckten wir, leere Flaschen, leere Blechbüchsen, die im Sande dort umherlagen. Wie groß war aber unsere Enttäuschung, als wir am Fuße des nächsten Plateaus anlangten, aber der Steilheit wegen nicht hinauffahren konnten. Es hätte wohl ein Mensch die zirka 100 Fuß erklettern können, aber an die Beförderung eines Wagens wäre nicht zu denken gewesen. Als später die Sonne sich senkte, erklomm ich mit Mr. Ferris an einer einigermaßen zugänglichen Stelle den steilen Abhang, wo ich wirklich, wie vermutet, für wenigstens zehn englische Meilen in südlicher Richtung festen fahrbaren Boden entdeckte. Trostlos und fast verzweifelt kletterten wir wieder herunter, fortwährend von einigen Aasgeiern begleitet, die uns in der bleiernen Luft umkreisten, um sich auf uns zu stürzen, wenn wir nicht weiter könnten. Ärgerlich riß ich meine Büchsflinte herunter und schoß nach einem, der mir der frechste zu sein schien. Eine Feder davon wollte ich mir an den Sombrero stecken.

Doch Rodriguez hatte dies von unten gesehen und sagte ganz entsetzt: „Permettama, Señor, diese Vögel dürfen Sie nicht schießen. Es kostet 50 Dollar Strafe, da sie für das Land sehr nützlich sind und alles Verendete auffressen".

Jetzt erinnerte ich mich auch, daß im heimischen Californien ein ähnliches Gesetz zum Schutze der dort lebenden, diesen Aasgeiern sehr ähnlichen Turkeybussards besteht.

Aber mit dem Wege da oben auf der Anhöhe war es nichts. Wir mußten auch am nächsten Tage im Tieftal unter entsetzlichen Anstrengungen weiterwürgen, fast die ganze Zeit die Bretter im Gange haltend, die aber von der Trockenheit bedenkliche Sprünge bekamen. Mit großer Sorge entdeckten wir an dem Abende, daß von unserem letzten großen Fasse, das wir bis dahin noch nicht angerührt hatten, ein erheblicher Teil verdunstet war. Da dies für mehrere Tage noch für sieben Menschen und sechs

Maultiere zu reichen hatte, beschlossen wir, uns von nun an nicht mehr zu waschen. Eine leise Angst beschlich uns alle, die auch keiner verhehlte einzugestehen, die aber noch erheblich gesteigert wurde, als einer unserer Soldaten am nächsten Tage plötzlich von der Hitze übermannt besinnungslos zusammentaumelte. Aufhalten konnten wir den Zug keinesfalls, denn das wäre sicher unser gemeinsamer Tod gewesen, um so mehr, als nicht nur das Wasser weniger wurde, sondern auch alle Fleischvorräte so austrockneten, daß sie zerbröckelten. So packten wir also den armen Kerl auf den einen Wagen, wo er von der Plane beschattet mit Chinin und kalten Kompressen (die viel kostbares Wasser verschlangen) behandelt wurde und sich ausruhen konnte. Einen Rosselenker hatten wir nun nicht, denn alles mußte an die Bretter. Die Maultiere waren aber bereits so an ihren Dienst gewöhnt, daß sie denselben auch ungeleitet verrichteten. Doch auch für unseren armen Hammel war die letzte Stunde gekommen. Als ein weiteres Opfer der Hitze brach er zusammen, und wir mußten ihn — zur Rettung seines Lebens — auf der Stelle töten und verspeisen.

Doch auch uns anderen sollten körperliche Miseren nicht erspart bleiben, denn es bildeten sich unter den Armen und anderorts rote Flecke, die sich entzündeten und vereiterten und jede Bewegung schmerzhaft machten.

Während dieser Tage wurde uns unser Reiseziel resp. Einschnitt ins Gebirge, den wir zu passieren hatten, nur zu häufig durch die auf der flammenden Wüste auftauchenden Trugbilder (Fata Morgana) in Zweifel gestellt. Schöne Palmenlandschaften entstanden vor unseren Augen, besonders des Nachmittags zwischen drei und fünf Uhr.

Aber auch gegen diese Gefahren gibt es Schutz. Denn eine jede Fata Morgana ist nur für kurze Zeit von solch täuschender Schärfe der Konturen und bald zeigt sich eher oder später zwischen dem wirklichen Lande und dem Trugbilde eine kleine blaue Dunstschicht, die nach und nach sich verbreitend das Trugbild wegwischt. Für den, der sie noch nicht gesehen hat, ist eine Fata Morgana etwas unheimlich. Noch ungemütlicher aber ist es, wenn, wie es uns erging, wir plötzlich um jeden Gegenstand zwei Schatten erblickten, und als wir aufsahen, zweier Sonnen ansichtig wurden. Denn auch die Sonne kann als Fata Morgana eine zweite Sonne hervorzaubern.

In der folgenden Nacht erlegte Mr. Ferris einen Coyote, den die Mexikaner am nächsten Tage verzehrten. Das Vieh soll widerwärtig geschmeckt haben, aber in der Not frißt der Teufel auch — Coyote.

Doch jetzt kam der Wendepunkt, denn endlich, endlich, am Mittage des fünften Tages in dieser Höllenglut erkannten wir deutlich das Ende der zu umgehenden Gebirgskette und weiter südwärts sahen wir in stolzen blauen Linien den Calamahue, der auch von Alamos aus sichtbar war. Neues Hoffen durchzog unsere aufs äußerste erschlafften Gemüter. Stündlich kamen wir näher, mit größter Ängstlichkeit machten wir jeden einzelnen Schritt vorwärts, stets besorgt, daß wir wieder die Bretter abladen müßten und dadurch dem Ziele noch lange ferngehalten würden.

Das Terrain fing jetzt beständig zu steigen an und unsere Tiere wurden aufs äußerste angespannt.

Ferris und ich hatten zu deren Unterstützung auch die Reittiere mit vor die Wagen gespannt und wir waren nun alle zu Fuß. Aber die Bretter brauchten wir nun nicht mehr! Dies war aber auch die allerhöchste Zeit, da diese jetzt zu zerbröckeln anfingen.

Die Aussicht auf baldige Errettung verlieh allen neue Kraft und noch an demselben Abend hatten wir unser Lager bereits eine erhebliche Strecke oberhalb der Talenge aufgeschlagen, die den Wendepunkt unserer Reiserichtung bildete. Das Todestal mit all seinen Schrecken war überwunden und auch die Hitze war von Stunde zu Stunde erträglicher geworden. Wir befanden uns nun auf einem deutlich erkennbaren Wege, der Verbindungslinie zwischen St. Quentin und Alamos, das nach Norden zu unter gelinder Steigung zu erreichen war.

Am anderen Morgen hatten wir die letzten, ängstlich behüteten Tropfen Wasser, die von ekelhaften langen Würmern wimmelten, verbraucht.

Vierzehn englische Meilen waren aber. noch zu überwinden, ehe Mensch und Tier durch einen Trunk erlabt werden konnten.

Doch den fast Verschmachtenden kam heute, gleichwie durch ein Wunder, als Retter in der Not ein Wagen von St. Quentin her nachgefahren. Eine unaussprechliche Freude bemächtigte sich aller, wieder einmal nach langer Zeit einen Menschen zu sehen. Ganz wie von demselben Gedanken erfüllt, hielt die erschöpfte Karawane an, das herannahende Gefährt mit alleräußerster Anspannung der Sinne beobachtend. Doch das kaum Glaubliche, was unsere Augen wahrnahmen, wurde zur Wirklichkeit, denn der mit zwei

Maultieren bespannte Wagen war bis obenan mit grünschimmernden Wassermelonen beladen.

Unsere Ungeduld nicht länger zu beherrschen imstande, ritten Mr. Ferris und ich auf den Wagen los, um von dem mexikanischen Fuhrmann eine Anzahl der erquickenden Früchte zu kaufen. Doch der rohe Kerl, der nur darauf bedacht war, unsere Notlage möglichst auszunützen, verlangte einen Dollar für jede der kostbaren Früchte. Rodriguez, der unterdessen unauffällig herangekommen war, versicherte mir, daß er in Alamos höchstens 20 Centavo dafür bekäme und wiederholte diese Meinung seinem hartgesottenen Landsmann, der darauf nur die freche Antwort gab: „Hier sind wir nicht in Alamos".

Der Leser wird begreifen, daß mit uns jetzt nicht zu spaßen war. Von einem und demselben Gedanken gleichzeitig beseelt, wechselten wir drei einen Blick, der übereinstimmend sofort verstanden wurde, und Ferris und meine Wenigkeit erhoben plötzlich gemeinsam unsere Revolver und ich rief:

„Jetzt gib Du Lump mal sofort einige Dutzend Deiner Melonen herunter, sonst knalle ich Dich vom Bocke wie einen tollen Hund."

Auf diese plötzliche Wendung war der Mexikaner denn doch nicht gefaßt, und während wir noch unverändert unsere Schießeisen auf seinen vermaledeiten Schädel hielten, winkte Rodriguez den Soldaten zu, die sofort herbeieilten und den ganzen Wagen plünderten. Nachher warf ich dem Kerl noch meine letzten fünf Dollar in den Wagen und beorderte ihn barsch, sofort wieder auf demselben Wege umzukehren, den er gekommen war. Angesichts unserer numerischen

Überlegenheit und der Gefahr, hier in der Wüste niedergeschossen zu werden und den Coyotes als Äsung zu dienen, zog er fluchend mit seinem leeren Wagen ab. Wir aber hielten eine kurze Rast, währendessen eine solenne Melonenmahlzeit abgehalten ward, wobei auch unsere armen Burros einen reichlichen Teil davon bekamen, die, nachdem wir Menschen zu Genüge hatten, die sämtlichen grünen Schalen der Früchte noch auffraßen.

Nach dieser Labung kam auch wieder neues Leben in unsere Glieder. Gefahren gab es ja nun nicht mehr. Trotz der körperlichen, immer lästiger werdenden Miseren durchwehte die kleine Schar ein frischer Geist. Heute abend wollten und sollten wir nun auch bestimmt in Alamos anlangen, je eher je besser. Und so ließ ich denn zu aller Freude die jetzt entbehrlich gewordenen Bretter vom zweiten Wagen abladen. Ihren Dienst hatten sie verrichtet; sie konnten außerdem ja jederzeit von Alamos aus geholt werden. Das Bewußtsein aber, jetzt unwiderruflich vor dem ersehnten Ziele zu stehen, war es, das die letzten Meilen schnell überwinden half.

Zu Skeletten abgemagert und sämtlich mit Vollbärten versehen, gelangten wir noch an demselben Abend, fast zu Tode erschöpft, doch lebend in Alamos an, wo wir unter großem Jubel und als Helden angestaunt von Mr. Hathaway, dem nunmehrigen Besitzer des unversehrten Klavieres, aufgenommen wurden.

Konstant waren wir von Fragenden umlagert, die die Zeit kaum erwarten konnten, bis wir nach dem längst ersehnten Bade uns zu einem solennen Mahle niedersetzen durften.

Mr. Hathaway, unser liebenswürdiger Wirt, war Amerikaner und betrieb dort einen größeren Biersalon nebst Tanzboden. Dorthin war das Instrument bestimmt. Als wir dann späterhin der allgemeinen Sympathien uns gesichert wußten, erzählte ich auch, um gewissermaßen einer amtlichen Einmischung vorzubeugen, die Geschichte von unserem Raubanfall. —

„Das haben Sie recht gemacht," sagte Mr. Hathaway, „denn die Melonen waren für Sie bestimmt. Ich hatte Angst, daß Sie unterwegs stecken geblieben seien. Und wären Sie heute nicht angelangt, hätte ich Ihnen morgen noch vieles andere entgegengesandt".

Der freudigste Moment an dem Abend war aber, als der alte Douglas wieder aus Ensenada angelangt war, der uns erzählte, daß man dort die Karawane für verloren halte.

Als wir Europäer uns aber am anderen Morgen im Spiegel sahen — hu — der Anblick. Völlig abgemagert, sahen unsere Hände und Gesichter ebenso lederartig dunkelbraun aus, wie die der Mexikaner!

Unser Invalide war zwar noch nicht gesund geworden, erholte sich aber zusehends von Tag zu Tag.

Jedermann wird gern glauben, daß Mr. Hathaway nach generösester Begleichung sämtlicher Ausgaben und Geschenke an die Soldaten auch mir einen großen Scheck überreichte für die entsetzlichen Mühen bei dem Klaviertransport durch die Wüste, der volle zehn Tage gedauert hatte und jedem von uns unvergeßlich bleiben wird bis an sein Lebensende.

VIII.

Aufenthalt in Alamos. Die Weiterreise.

Bereits im vorigen Kapitel ist erwähnt worden, daß Alamos durch eine neuentdeckte Goldmine erst vor kaum mehr als einem Jahre entstanden war und nun den Anziehungspunkt für Abenteurer bildete, die kamen, um in kürzester Zeit reich zu werden. Gleich wie auf allen anderen Goldfeldern, findet man hier die roheste Klasse der Menschheit vor. Da man jedoch in Mexiko im allgemeinen von neuen Entdeckungen des glänzenden Metalles grundsätzlich nicht viel Aufsehen nach außen hin macht — jedenfalls um den Nutzen nur den eigenen Landsleuten zukommen zu lassen — so fand man in Alamos nicht alle Nationen so bunt durcheinandergewürfelt, als dies in amerikanischen Minen der Fall ist. Mexikaner nebst einigen wenigen Amerikanern bildeten daher das einzige Kontingent daselbst.

Freilich muß betont werden, daß diese Aufzeichnungen die Zeit des Jahres 1891 betreffen; und wer weiß, wie es heute dort aussieht und ob überhaupt noch Gold dort gefunden wird.

Die Bewohnerzahl von Alamos betrug vielleicht 120 Personen, die fast alle Männer waren. Frauen gab es sehr wenige und diese standen zumeist den Männern in jeder Weise zur Verfügung. Und die Männer waren in der Hauptsache von der Sorte, der es gleichgültig gewesen wäre, wegen eines einzigen Dollars einen Mitmenschen ins Jenseits zu befördern. Natürlich war ein Jeder Tag und Nacht bewaffnet bis an die Zähne.

Der geneigte Leser möge nun allerdings nicht eine genaue Beschreibung des Betriebes von Goldfeldern von mir erwarten. Denn erstens gibt es auf diesem Gebiete schon Schriften in ausreichender Anzahl; zweitens — ich will es nur gleich zu meiner Schande gestehen — habe ich die eigentlichen Goldfelder, die nur einige Kilometer von Alamos entfernt liegen, garnicht einmal betreten. Wer weiß, ob ich von den, dieselben mit Argusaugen bewachenden Eigentümern die Erlaubnis dazu erhalten hätte. Denn die rücksichtsloseste, erbarmungsloseste Habgier stand auf jedem Gesichte der dortigen Bewohner geschrieben und hielt dieselben ganz im Bann, jede anderweitige Neigung außer der des Hazardspiels und des Trunkes gänzlich ausschließend. Es ist daher begreiflich, daß wir kein Verlangen trugen, mit diesen Leuten in allzunahe Beziehungen zu treten.

Unter diesem Eindrucke hatten denn auch Mr. Ferris und meine Wenigkeit die Vorsicht gebraucht, des Nachts eines unserer Betten gegen die Tür des uns zur Verfügung gestellten Zimmers zu rücken, das sich eine Etage über dem Erdboden befand.

Am andern Morgen, nachdem wir uns alle gründlich gepflegt hatten, wurde das Klavier ausgepackt, das völlig unversehrt war. Als Musiker konnte ich mir doch nicht versagen, das Instrument zu probieren, so abgespannt und teilnahmslos die unsäglichen Strapazen mich auch gemacht hatten. Mr. Hathaway war darüber sichtlich erfreut und bot mir bei völlig freier Station 10 Dollars pro Tag, so lange ich überhaupt nur bleiben wollte, falls ich seinen Gästen des Abends vorspielen wollte. Das Angebot war nicht übel, um so mehr als ein weiteres Reiseziel nicht geplant war. Hier in Alamos, wo Wasser und einige Vegetation vorhanden, ließ es sich eine Zeitlang aushalten. Hier konnte man auch durch lange Bäder den infolge der erlittenen Strapazen schwer reduzierten Körper pflegen. In der beschriebenen Weise vergingen dann täglich die Morgenstunden, während am späteren Nachmittage, nach der Siesta, nachdem es auch etwas kühler geworden war, öfters bewaffnete Ausflüge unternommen wurden, an denen sich auch Mr. Ferris regelmäßig beteiligte.

Leider aber war dessen Bleiben nicht von langer Dauer, denn nach vier bis fünf Tagen der Erholung zog er mit meinen Soldaten, die, nebenbei gesagt, von Mr. Hathaway sämtlich reich belohnt worden waren, auf dem Wege durchs Gebirge heimwärts nach Ensenada, um von da nach den Vereinigten Staaten weiterzureisen. Für meinen persönlichen Verkehr blieb dann nur noch Hathaway und dessen Familie übrig.

Die Abende waren nach wie vor der lebhafteste Teil des Tages, währenddessen das Lokal geradezu vollgepropft war, da das neue Klavier einen starken Anziehungspunkt bildete. Allerhand Wünsche betreffs der Wahl von vorzutragenden Musikstücken wurden da laut, unter denen die Paloma und eine Fantasie über Il Trovadore am häufigsten verlangt wurden.

Und hier kann ich die Tatsache konstatieren, daß derjenige aller Komponisten, dessen Name in der ganzen weiten Welt am bekanntesten geworden ist, Guiseppe Verdi ist. Wenn auch Richard Wagner mit Recht als der größte aller Tonheroen dasteht, so ist es doch keinem bis heute so gelungen, mit seinen Werken derartig in die Herzen selbst der allerrohesten Menschheit einzudringen, als eben dem Italiener Verdi.

Die zehnte Stunde bildete immer den Höhepunkt des Abends, wo regelmäßig getanzt wurde, wo beim Fanango und Kan-Koon die Kerle mit Pistolen schossen, sich überschlugen und wie Wilde gebärdeten. Mr. Hathaway war glücklicherweise im Besitz einiger dazugehörigen Musikalien. Zu der allabendlichen Klaviermusik gesellten sich nicht selten Mandolinen- und Guitarrevorträge, bei denen gesungen wurde. Auf diese Art lernte ich verschiedene echt mexikanische Kompositionen kennen, die in ihrer scharf ausgeprägten Rythmik und eigenartigen Melodik entschieden schön zu nennen waren.

Nicht selten ereignete es sich da, wenn die Gesellschaft so recht in fidele Stimmung geriet, daß einer der sonnverbrannten Gesellen mir über so und so viele Tische hinweg ein goldenes Zehndollarstück zuwarf, mit der Aufforderung, dieses oder jenes Musikstück zu spielen.

Nach einer bestimmten Anzahl von Tagen erhielten wir regelmäßig Besuch vom alten oder jungen Douglas aus Ensenada, die dann stets neue Zeitungen und einige Passagiere mitbrachten und zum Ausruhen etliche Tage dort blieben bis zur Rückfahrt. Das eine Mal hörten wir den Alten erzählen, daß in Ensenada ein Gefecht zwischen einem Stier und einem grauen Bären veranstaltet worden sei, das gewiß interessant mit anzusehen gewesen wäre. Allerdings gestaltete sich der Verlauf der Schaustellung höchst sonderbar. Jedes der Tiere war an einem Pfahl vermittelst einer starken Kette festgebunden, in einer Entfernung aber, daß sie sich nicht erreichen konnten. Als Zuschauer umstanden einige hundert Menschen die mit viel Reklame weithin angesagte Veranstaltung. Sogar aus San Diego waren Leute gekommen, um das Schauspiel mit anzusehen, das damit begann, daß man dem Bären einen roten Lappen um den Hals warf und sodann die zu Anfang gekürzt gewesenen Ketten länger ließ, so daß nun die beiden Tiere sich erreichen konnten. Schon tagelang vorher hatten die stets wettebereiten Mexikaner ihre Einsätze verabredet und das Buchmachergeschäft war gehörig im Gange.

Mit fieberhafter Aufregung verfolgte nun jedermann die Bewegung der Tiere, die nach Verlängerung ihrer Ketten verderbendrohend aufeinander losstürzten. Anfangs schien es, als ob der Stier, der sich mit voller Wucht auf den Bären geworfen und diesen für einen Moment verblüfft hatte, der Sieger werden würde. Denn erst, als dieser begann, seinen zottigen Gegner mit den Hörnern zu bearbeiten, kam der Bär zur rechten Erkenntnis der Situation.

Jedenfalls schien der Bär in den Augen derer, die auf ihn gewettet hatten, in Gefahr zu sein. Einer von dieser Partei, dem es um seinen gewiß hohen Einsatz bange wurde, gab auf den Stier einen Pistolenschuß ab, der aber wegen einer unerwarteten Bewegung desselben fehlging. Zum Unglück traf die Kugel einen gegenüberstehenden Mexikaner ins Bein. Dies fiel dem Betreffenden natürlich auf, der dann auch ohne weiteres Federlesen sofort eine Kugel als Antwort nach der anderen Seite zurücksandte, die diesmal eine Frau schmerzhaft, aber ungefährlich verletzte. Das war das Zeichen zu einem allgemeinen Krawall, wobei Schüsse nach allen Richtungen abgefeuert wurden, obgleich eigentlich niemand wußte, was die Veranlassung zu dem ganzen Wirrwarr war.

Die beiden Kampftiere, die man in der Aufregung ganz vergessen zu haben schien, hatten sich dabei von ihren Ketten losgerissen und nach verschiedenen Richtungen das Weite gesucht. Als man sich genug geprügelt und wieder beruhigt hatte, waren Stier und Bär über alle Berge. So würdevoll endigte in Ensenada das mit großem Eklat angekündigte Stiergefecht, zu welchem das Schiff „Kaspar" aus San Diego viele Schaulustige mit herbeigebracht hatte.

Nach der Erzählung des alten Douglas soll unser junger Freund Mr. Ferris den Kampf mit angesehen haben. Ein Gruß, den er durch den alten Rosselenker an mich ausrichten ließ, war das letzte Lebenszeichen, das ich von diesem so netten jungen Manne bekommen habe.

Nachdem in der beschriebenen Weise in Alamos etwa 2—3 Wochen vergangen waren und der alte Douglas gerade wieder dort war, sagte mir dieser eines Morgens, als er wieder abfahren wollte: „Wenn ich an Ihrer Stelle wäre, junger Freund, dann würde ich Alamos möglichst unauffällig, aber bald verlassen. Glauben Sie mir, ich meine es gut mit Ihnen, und es würde mir unendlich leid tun, wenn ich vielleicht schon bei meiner nächsten Fahrt hierher erfahren sollte, daß Sie nicht mehr unter den Lebenden sind“. Ich muß gestehen, daß es mir bei dieser unerwarteten Eröffnung eiskalt über den Rücken lief und ich für den Moment doch eine Anwandlung von Furcht hatte.

Auf meine Bitte um eine nähere Erklärung fuhr der alte Herr fort:

„Sehen Sie, seit fast einer Woche ist auf den Feldern von Alamos gar kein Gold gefunden worden. Der einzige, der jetzt Geld verdient, sind Sie mit Ihrem schönen Klavierspiel. Sie müßten eigentlich an den finsteren Mienen, mit denen man Sie anblickt, schon gemerkt haben, daß man Ihnen nicht mehr wohl will. Das ist ein sicheres Anzeichen, daß man gegen Sie etwas im Schilde führt. Was ich fürchte ist, man wird Sie entweder im Schlafe ermorden und berauben, oder man wird Ihnen auf der Heimreise nach Ensenada im Gebirge auflauern. Solche Fälle habe ich leider zu Dutzenden miterlebt. Jedenfalls aber ist man sich über den Plan noch nicht recht einig und Sie haben noch Zeit, sich zu drücken. Nehmen Sie das als Warnung hin, sie war gut gemeint! Good bye.“

Er drückte mir fest die Hand zum Abschied, und fort rasselte die alte vierspännige Kutsche über die spärlich bewachsene Bergwiese, bis sie langsamer werdend den Gebirgspaß erklomm. Wie als wenn er eine Ahnung gehabt hätte, daß ich seinem Gefährt so lange als möglich nachschauen würde, drehte sich an der letzten sichtbaren Stelle der gute Alte noch einmal um, um mir noch einen letzten Gruß zurückzuwinken. Niemand kann mir nachfühlen, wie sehr dieser stumme letzte Gruß mich beglückte. Aber nur für den Augenblick, denn gleich darauf verschwand das Gespann in den Bergen, den einzigen Menschen, der mir ein Freund war, mit sich fortnehmend.

Ein Gefühl unendlicher Verlassenheit überkam mich mit Macht. Jetzt erst gelangte die volle Erkenntnis zum Durchbruch, wie töricht, wie unbeschreiblich leichtsinnig es von mir gewesen war, diese so weit von Zivilisation entfernte gottverlassene Gegend aufzusuchen. Und warum?

Ja, der alte Douglas hatte Recht, finstere Gesichter waren es, die mich ansahen; Raubgesindel waren sie alle, einer wie der andere. Erst jetzt wurden mir die Augen geöffnet, um zu sehen, daß ich mich zwischen Räubern und Mördern befand. Dies Gefühl des Alleinseins war geradezu unerträglich, und um mich zu einer lebenden Seele auszusprechen, teilte ich diese Eröffnung sofort dem Herrn Hathaway mit, der zwar von alledem noch nichts gemerkt hatte, aber erfahrungsgemäß einen solchen Überfall nicht für ausgeschlossen hielt. Selbstverständlich sicherte mein Wirt mir alle seine Hilfe bei der Flucht zu, die sich in der folgenden Nacht vollziehen sollte.

Der Umstand, daß seine Frau an dem Tage gerade ihren Geburtstag feierte, erleichterte das Vorhaben insofern, da am Abende eine besondere Sauferei sein würde und die meisten viel zu betrunken, um an irgend etwas zu denken.

Nach Hathaways Meinung war es am sichersten, St. Quentin unten am Meere und nicht Ensenada als Reiseziel zu wählen. In zwei bis drei Tagen wäre dieser Platz leicht zu erreichen. Ohne irgend jemanden etwas merken zu lassen, wurden in aller Stille die Vorbereitungen zur Abreise getroffen. Auch des Abends saß ich am Klavier wie gewöhnlich, traktierte auch einige der Gesellen mit Whisky gerade so, als ob ich von dem besagten Vorhaben nicht die geringste Ahnung hätte.

Um Mitternacht wurde alles ruhig, und die Maultiere bekamen zu trinken. Mein Wirt gab mir nochmals genaue Instruktionen betreffs aller nach dem Süden führenden Wege, und gegen 3 Uhr nachts waren die Burros gezäumt und bepackt und hinaus ging es lautlos in die Mondnacht.

Nur wenige Tage vor Vollmond war die Landschaft völlig mit dem fahlen Lichte übergossen; alle Berge waren genau zu erkennen, selbst der Himmel war blau anzusehen. Für die ersten Stunden ging es auf demselben Wege zurück, den meine Karawane gekommen war, und bei Morgengrauen erreichte ich die Stelle, wo wir uns die Melonen erobert hatten. Anstatt aber nun rechts in das entsetzliche Tieftal hinabzusteigen, hielt ich mich oben am Bergesrand, von wo aus für eine weitere Stunde der Ort vergangener Schrecken im Morgenlichte sichtbar wurde.

Als dann die Sonne kam und ihren Glanz verbreitete, wurde an einer höher gelegenen Stelle ein kurzer Halt gemacht und die so heimlich verlassene Gegend noch einmal betrachtet. Das Tagesgestirn bestrahlte gerade den Hügel von Alamos, wo man vielleicht eben vom schweren Rausch erwachte. Jedes Zelt und Haus, sogar die Fenster waren klar zu erkennen, und in der Umrahmung von Dattelpalmen sah das alles so idyllisch und friedlich aus.

Jetzt war ich bereits 12 englische Meilen von Alamos entfernt und angesichts des so malerisch daliegenden Ortes durchlebte ich im Geiste nochmals die Ereignisse der letzten Wochen, welche mir wie die eines ganzen Jahres vorkamen.

Von nun an bekam die Landschaft wieder den Charakter der Einöde mit teils felsigem, teils sandigen Boden und gelegentlichen Kakteen. Berge umrahmten ringsum den Horizont, aber nur nackte Felsen waren es, ohne Vegetation. Gegen Mittag waren die Vorläufer des fast 11000 Fuß hohen Bergriesen Calamahue erreicht, dessen scharfe Felskanten zum Greifen nahe erschienen. Hier teilte sich der Weg, und am Trennungspunkte standen Trümmer eines alten Aztekenbauwerkes, das an dem trapezartigen Stil leicht als solches zu erkennen war. In einer plötzlichen Aufwallung von Argwohn gegen etwaige Verfolger und um diese irre zu leiten, änderte ich von hier an den Kurs und steuerte links in östlicher Richtung die sanfte Anhöhe hinauf, wo der Weg nach Aqua Dulce führt. Auf diese Art wurde der Calamahue zur Hälfte umkreist.

Von Ort und Stelle war die Oase in einer guten Tagereise zu erreichen. Ein Fehlgehen konnte aber trotz des Aufhörens eines Weges schon darum nicht zu erwarten sein, da als sicheres Zeichen der Richtung bald einige Riesenkakteen sichtbar wurden, von denen Hathaway auch gesprochen hatte. Freilich war hier alles wieder Wüste soweit das Auge reichte; um eventuellen Verfolgern zu entgehen, erschien diese die allersicherste Richtung. Nach einer weiteren Strecke entdeckte mein Auge das unten im Tale liegende Mauerwerk, das letzte Zeichen menschlicher Spuren.

Wiederum der Stätte menschlicher Geselligkeit entrissen, beschlich mich in der verlassenen Gegend ein Gefühl des Schauderns, um so mehr, als der Abend nicht mehr fern war und die Wüste bereits rot erglühte, schön, aber grausig anzusehen. Die Schatten wurden allmählich länger und immer noch ruhte mein Blick auf dem da unten stehenden Mauerwerk.

Doch halt! — Was war das? —

Bewegte sich nicht dort etwas wie ein Mensch?

Nein unmöglich!

Lange richtete ich mein Augenmerk dorthin, bis mir das Bild zu verschwimmen begann, aber nichts Lebendes war zu entdecken. Und dennoch schien es untrüglich sicher, daß es ein Mensch war, der dort hinter den Mauern für einen Moment hervortrat. Der Gedanke daran bereitete mir doch eine gewisse Unruhe; denn falls es wirklich ein Mensch war, was wollte er dort allein in der Wüste ohne Maultier oder sonst etwas? Trotz langem Hinsehen konnte ich nichts entdecken und zog schließlich in der eingeschlagenen Richtung weiter.

War es nun mein allzu erregtes Gehirn oder nicht, jedenfalls sah ich bei einem weiteren Halt nach etwa einer weiteren halben Stunde zwischen zwei der vielen umherliegenden Steinblöcke hinter mir eine weiße Gestalt sich bewegen, um sogleich wieder zu verschwinden. Diesmal betrug die Entfernung kaum mehr als eine halbe englische Meile. Ein Mensch war das zweifellos, auch der breite Sombrero auf dem Kopfe war deutlich zu erkennen.

Da der Mensch im allgemeinen das fürchtet, was er nicht kennt, so war mir diese Vision höchst unheimlich. Warum aber versteckte sich die rätselhafte Gestalt vor mir? Denn wenn der Betreffende es ehrlich meinte, hätte er sich mir bestimmt genähert, und wäre es nur zu einem Gruße gewesen.

Unter solchen Gedanken zog ich noch einige Kilometer weiter bis zu einer kleinen Anhöhe an der Ostseite des Calamahue, von wo ein freier Ausblick auf einen großen Teil des zurückgelegten Teiles möglich war. Eine Menge leere Blechbüchsen lagen dort verstreut umher, ein Zeichen, daß auch andere Reisende hier zur Nacht Aufenthalt genommen hatten.

Prächtig war von hier aus der Untergang der Sonne anzusehen; alles tiefer Liegende erglühte in stetig dunkler werdendem Rot. Dabei die klare Luft und absolute Stille ringsumher. Die Maultiere wurden nun ihrer Fesseln entledigt, vom Packtier das Zeltzeug heruntergenommen. Nach dem langen Dienst von nachts drei Uhr an waren diese treuen Begleiter aber viel zu müde, um sich wie sonst noch rumzubalgen; sie fraßen und legten sich bald nieder. Unterdessen wurden die Zeltstangen aufgerichtet, die acht Seitenpflöcke (tent pins) eingeschlagen, das ganze Zelt stramm gewunden und die Hängematte eingehängt.

Der Mond, der schon während des Nachmittags am Himmel gestanden, war nahezu voll und leuchtete fast tageshell. Ein Feuer zu machen war wegen der Möglichkeit des Entdecktwerdens nicht ratsam und so bestand die wohlverdiente Abendmahlzeit aus kalter Küche von dem reichlichen von Mr. Hathaway mitgegebenen Vorrat. Mr. Ferris hatte mir bei seiner Abreise einen leichten amerikanischen Klappstuhl geschenkt, den ich im Innern des Zeltes aufstellte. Zuletzt unternahm ich eine nochmalige Rekognoszierung der ganzen im grellen Mondlichte daliegenden Umgebung; wo die großen Steinblöcke tiefe Schatten warfen, und nun begab ich mich in mein Zelt, wo vom Feldstuhl aus durch den offenen Spalt ein beträchtlicher Streifen der vor mir liegenden Landschaft deutlich sichtbar war.

Trotz Müdigkeit konnte und wollte ich doch nicht schlafen, denn der Gedanke an die unheimlichen Verfolger ließ mir keine Ruhe. Das längst gewohnte Nachtkonzert einiger auf Raub ausgehender wilder Bestien war bereits vernehmbar, störte mich aber weiter nicht. Selbst der Gedanke, einem der hier heimischen Grizzlibären zu begegnen, war nicht so schrecklich, als die unheimliche menschliche Erscheinung. Die Gruppierung der außerhalb umherliegenden Blöcke hatte ich längst auswendig gelernt.

Was war aber das dort? Lag denn der eine helle Stein schon vorher in der Landschaft? — Nein, das war kein Stein; nein wahrhaftig nicht! — Er bewegte sich, um langsam, ganz langsam hinter einem wirklichen größeren Stein in nur einigen hundert Schritten Entfernung zu verschwinden!

Gleich wollte ich hinter nach der Flinte greifen und darauf gleichgiltig, was es auch sei, losfeuern, sobald das Gespenst noch einmal hervorkäme. Aber nein, denn falls es ein Mensch wäre? — — Oder sollte ich ihn anrufen? — Auch nicht, denn dann würde er mich ein anderes Mal meuchlings überfallen.

Immer fest auf den verdächtigen Stein schauend, sah ich, wie derselbe langsam länger wurde. Deutlich erkannte ich die Form eines Sombrero, dann — ein schneller Sprung — und ich sah für einen Moment einen Menschen, nur um hinter dem zunächst näheren Stein zu verschwinden! Ein Mexikaner war es! Einer von jenem Mordgesindel, von dem es nur allzuviele in der verlassenen Gegend gab.

Trotzdem mein Gespenst jetzt näher vorrückte, ich aber wußte was es war, überkam mich eine überlegende kalte Ruhe. Ganz langsam, ohne das geringste Geräusch zu verursachen, griff ich in meine Hintertasche nach meinem sechsläufigen Smith and Wessen-Revolver und harrte des weiteren. Ich kalkulierte richtig, daß die Öffnung meines Zeltes draußen von der hellen Mondlandschaft aus gesehen stockdunkel sein mußte, wie auch, daß der Mordgeselle mich in der Hängematte schlafend wähnte. Es blieb jetzt nur das eine übrig, ihn in diesem Glauben zu belassen, damit er sich sicher fühlen und herankommen könne. Mittlerweile war der Mexikaner wiederum näher gekrochen, aber rechtzeitig verschwunden, so daß er vom Zelte aus nicht mehr zu sehen war. Unbeweglich saß ich da und horchte gespannt. Mein Herz schlug laut, als ich aber dann außerhalb im Sande Schritte leise knistern hörte, pochte es dermaßen, daß ich fürchtete, man könne es draußen vernehmen.

Jetzt hörte ich die Schritte nahe hinter dem Zelt! — Wieder war es stille. — Dann sah ich deutlich auf der linken vom Monde grell beschienenen Plane des Zeltes eine Gestalt langsam aufsteigen und sich nach dem Eingange zu ebenso langsam fortbewegen. Jeden Moment erwartete ich eine Kugel durch die Plane ins Zelt und duckte mich, dabei fortwährend das Schattenbild beobachtend.

Ganz unmerklich öffnete sich jetzt die linke Eingangsplane und der Rand eines Sombrero trat langsam hervor. — — —

Im Augenblick sprang ich wie ein Tiger in die Höhe und — bäng — bäng — bäng — patsch (ein Versager) — bäng — bäng knallte ich auf das Teufelsgesicht alle Läufe meines Revolvers ab, worauf der Eindringling sofort leblos zusammenbrach. — — —

Ein heftiges Zittern überkam mich hierauf, das ich aber los wurde, als ich hinaustrat.

Ekeleinflößend war da der Anblick des blutüberströmten Mexikaners, der jetzt tot und regungslos, einen Stiletto krampfhaft umfassend, am Boden lag. Nach dieser fürchterlichen seelischen Erregung befielen mich rasende Kopfschmerzen. Trotzdem zu einem schnellen Entschluß mich aufraffend, ergriff ich des toten Mannes Füße und schleifte ihn über hundert Schritte weit hinab, wo er vom Zelte aus nicht mehr gesehen werden konnte. Die beiden treuen Maultiere waren von den Schüssen aufgeweckt und umdrängten mich ängstlich bei dem widerlichen Transport. Diese Sympathiebezeugung der treuen Gefährten wirkte wohltuend auf mein erregtes Gemüt; ich war froh, jetzt lebende Wesen um mich zu haben.

Zum Zelte zurückgekehrt, entdeckte ich, daß meine linke Hand stark blutete und dieselbe, wie auch mein Seidenrock ganz mit Blut verschmiert waren; und jetzt erst zeigte sich im dicken Fleisch am Rande der innern Hand unterm fünften Finger eine tiefe Wunde, deren Stich ich in der Aufregung nicht bemerkt hatte. Und nun erinnerte ich mich, beim Überfall die linke Faust als unbewußten Schutz des Herzens auf die Brust gelegt zu haben, so daß die letztere, der dieser Stoß galt, unberührt blieb.

Das Verbinden der Wunde, die nun auch zu schmerzen anfing, war, allein ausgeführt, keine leichte Sache und kostete viel Wasser. Bald darauf jedoch erquickte mich ein kräftigender Schlaf, aus dem ich erst am andern Morgen um neun Uhr erwachte, nachdem die liebe Sonne mein Zelt bereits sehr heiß gemacht hatte. Trotz eines begreiflichen Widerwillens wollte ich nun doch den Mexikaner noch einmal bei Tage ansehen, vielleicht um in ihm eine der mir bekannten Physiognomien von Alamos wiederzuerkennen. Der Stätte näherkommend, sah ich bereits eine Anzahl der Aasgeier denselben umkreisen und teilweise auf der Leiche sitzen, doch — — — hier ist Schweigen wohltuender als eine Beschreibung des widerwärtigen Eindruckes. So schrecklich die Tat, die reine Notwehr und nicht Mord gewesen war, fühlte ich mich jedenfalls von jedem Vorwurf frei. An eine Weiterreise war jedoch vorläufig nicht zu denken, da der Blutverlust meinen Körper zu sehr geschwächt hatte.

Erst am Nachmittage des folgenden Tages war ich imstande, den Ort des Grauens zu verlassen und dem nächsten Ziele einige Meilen näherzukommen.

Die erhaltene Wunde heilte verhältnismäßig schnell. Da aber die Gefühlsnerven durchschnitten waren, blieb die Stelle der Hand, wie auch die Außenseite des fünften Fingers für viele Jahre völlig empfindungslos. Die Narbe wird wohl für Lebzeiten sichtbar bleiben.

Der Leser mag es begreiflich finden, daß ich in dem augenblicklichen Zustande, mit blutiger Bandage und besudelten Kleidern, nicht recht wagte, wieder unter Menschen zu kommen. Jedenfalls mußte die ominöse Binde von der Hand erst weggenommen sein.

Erst am dritten oder vierten Tage wagte ich mich in die Nähe des Ortes Aqua Dulce, wo ich auf einer Anhöhe in etwa zehn englischen Meilen Entfernung von der Ansiedelung wiederum Spuren eines Weges vorfand, nebst einem schon von weitem sichtbar gewesenen Mauerüberrest, an dem ein Kasten mit der Aufschrift „Correos" angebracht war. Kopfschüttelnd stand ich davor. Correos heißt Post.

Nanu! Ein Postkasten hier draußen?

Mit einer gewissen Neugier den Kasten aufklappend, las ich auf der inneren Seite des Deckels folgende aus dem Spanischen ins Deutsche übertragene Aufschrift: „Jeder Reisende wird gebeten, eventuell im Kasten befindliche Briefe nach der nächsten Poststation mitzunehmen."

Ein einziger mit Bleistift geschriebener Brief lag darin mit der Aufschrift: „Señorita Donna Elvira Mundet. Aqua Dulce." —

Famos! Dieser Brief war sicherlich eine gute Einführung in eine dort wohnende Familie. Ich nahm ihn heraus und steckte ihn sorgsam in die Tasche. Wie ich sodann entdeckte, stand der Briefkasten an einem Kreuzwege, ein Zeichen, daß die betreffende Anhöhe von verschiedenen Seiten von Reisenden berührt wurde.

Hier oben wurde zum letzten Male das Zelt für die Nacht aufgeschlagen und am anderen Morgen ging die Reise straks auf die Oase zu, deren Sicomoren- und Palmenhaine man schon von der Anhöhe aus sehen konnte. Es war ein anmutiges Bild, dem wir mit jeder Stunde näherrückten. Schließlich sah man auch das Dorf selbst, das in herrlichem Grün im Tale weit zerstreut lag. Sogar ein kleiner Bach, der sich in großen Windungen durch eine Wiese zog, ehe er ans Dorf kam, war zu erkennen. In dieser Gegend schien auch die Tierwelt mehr vertreten zu sein, unter der mir auch eine fast meterlange Art von Eidechsen, (Lizard) auffiel, die sehr schnell ihres Weges liefen und Krokodilen nicht unähnlich waren. Die Gegend war im allgemeinen schön zu nennen und ich beschloß, dort einige Zeit zu verweilen.

Ach, wie mir da das Herz höher schlug bei dem Anblick all des schönen Grüns, das ich doch so lange nicht gesehen hatte! Neue Hoffnungen stiegen auf! Hier konnten es keine schlechten Menschen sein, die da wohnten. Dazu der Brief, dessen Übergabe sicherlich mir vonnutzen sein mußte — !

Wilhelm Busch, unser großer Humorist, würde hier sagen:

„Vielleicht, daß diese gute Tat
Recht angenehme Folgen hat.“

IX.

Eine Klavierreparatur.

Mittag war es ungefähr, als ich mit meinen beiden Maultieren den kleinen Bach erreichte, der das lebenspendende Element der ganzen Umgebung bildete. Da, wo derselbe aus dem Wäldchen in die Wiese trat, etwa eine halbe Stunde von den ersten Häusern entfernt, machte ich noch einmal Halt, um erstens die sehr verdursteten Maultiere zu tränken, zweitens aber mich einer gründlichen Reinigung zu unterziehen und meinen blutbefleckten, einstmals hellgelben Seidenrock dort im Wasser zu waschen. Denn in dem Zustande hätte mich schwerlich jemand aufgenommen, so verwildert, verdächtig war mein ganzes Aussehen. Auch die häßliche, gänzlich verschmutzte Leinewandbinde um meine linke Hand konnte abgenommen werden, denn die Wunde war bereits trefflich zugeheilt. Waren doch schon fünf Tage seit dem grausigen Kampfe verstrichen. In einer momentanen Eingebung von Eitelkeit unternahm ich es sogar, mich sorgfältig zu rasieren, währenddessen mein Seidenrock auf dem Rasen schnell trocknete. Erst in der fünften Stunde verließ ich, nunmehr menschlich gemacht, das lauschige Plätzchen; und weiter ging es, erst dem Bach entlang über die Waldwiese, dann in eine Allee von Eukalyptusbäumen einbiegend, bis ich zuletzt inmitten herrlichster Anpflanzungen Aqua Dulce, d. h. die ersten Farmen, erreichte.

Unter den sehr weit zerstreut liegenden Besitzungen fand ich bald die Familie Mundet, die wie man sagte, dort die wohlhabendsten Leute der aus ungefähr zwanzig Farmen bestehenden Ansiedlung waren.

Schon bei meinem Eintritt in die beinahe festungsmäßig aussehenden Mauern des sehr geräumigen Hofes schien ich auf die mich empfangenden dienstbaren Geister den Eindruck gemacht zu haben, etwas „Besseres" zu sein, als was man sonst in der Gegend von Durchreisenden zu sehen bekommt. Da ferner ein Brief an Señorita Elvira abzugeben war, den ich mit gewisser Wichtigkeit vorzeigte, aber wieder in dem neugewaschenen Rock verschwinden ließ, wurde ich von einem der Diener, der bereits mehrere Male in das Wohnhaus und wieder heraus gelaufen war, hinein in das nur aus Parterreräumen bestehende Gebäude in ein behagliches Gastzimmer geleitet, während ein anderer bat, meine Burros in den Stall führen zu dürfen. Das Gastzimmer, wurde mir gesagt, solle ich als das meinige betrachten, und die Señorita würde um sechs Uhr vor dem Souper bei mir erscheinen.

Der Empfang war entschieden ein vornehmer, und vornehm war auch die ganze Umgebung von dem, was ich sah, und das in Ruhe zu mustern ich noch eine halbe Stunde Zeit hatte. Mein Zimmer war nach der Rückseite des Hauses gelegen, das als Quadrat gebaut genau in der Mitte des geräumigen Gehöftes stand. Die zwei Fenster waren schwer vergittert und hatten keine Glasscheiben. Von hier aus war der wohlgepflegte Gemüsegarten, sowie eine Zisterne zu sehen, deren Wasser durch eine Windmühlenpumpe gehoben wurde. Dies alles, wie auch das Meublement und die Bilder an der Wand deuteten entschieden auf Wohlstand und einen gewissen Grad von Bildung.

Währenddessen erschien die erwartete Señorita Elvira, ein blühend hübsches, ja schönes junges Mädchen von etwa 18 Jahren, der ich den Brief überreichte. Die Überraschung war ihr eine höchst angenehme, denn es war ein Gruß von ihrem Bräutigam, der auf einer kleinen Reise nach den Vereinigten Staaten den Briefkasten passierend auf gut Glück an seine Geliebte den besagten Brief dort eingelegt hatte.

Bald darauf erschien auch die Frau Mama, eine kleine, etwas korpulente Dame mit deutlich sichtbarem Anflug von Schnurrbart und Backenbart, was sie jedoch nicht sonderlich entstellte. Mit ihr zusammen war die zweite Tochter Juanita eingetreten, ein ebenfalls rabenschwarzer, üppig entwickelter Backfisch von sechzehn Jahren, dabei von großer Lebhaftigkeit. Die Damen sprachen sämtlich französisch, womit auch mir sehr gedient war, der ich das Spanische nur unvollkommen beherrschte. Erst vor einem halben Jahre, so erzählten sie, waren sie von Paris zurückgekommen, wo sie mehrere Jahre gelebt und die Weltausstellung gesehen hatten.

Als wir darum nach einiger Zeit in das behaglich ausgestattete Eßzimmer wanderten, drehte sich die Unterhaltung hauptsächlich um die östlichen Kulturländer.

Der Höhepunkt der Sympathie war aber erreicht, nachdem ich in einer Zimmerecke einen ansehnlichen Flügel entdeckt hatte und ich auf die Frage, ob ich musikalisch wäre, zugeben mußte, daß ich Professionsmusiker sei. Die Damen hätten mich am liebsten gleich umarmt, ein Gemütsausbruch, der tatsächlich passierte, nachdem ich das Instrument erklingen ließ, das einen herrlichen Ton hatte.

Leider aber besaß es den Übelstand, daß wenn man in der Mittellage einen der Töne C, Cis, D, Dis, E anschlug, alle diese, manchmal auch noch das links daranliegende H hinuntergingen und mitklangen. Beim Spielen, das demnach mehr eine Art Phantasieren war, mußte ich die Mittellage natürlich vermeiden. Leider auch ließen sich mit der linken Hand zunächst nur einzelne Töne anschlagen, da mir bei einer Oktavenspanne die Wunde wieder hätte aufreißen können.

Durch das Klavier war ich sofort Hahn im Korbe geworden und wurde aufgefordert, einige Tage als Gast zu verweilen. Von der erlebten Mordgeschichte erwähnte ich wohlweislich kein Wort, dazu hätte auch nicht der leiseste Grund vorgelegen.

Als ich dann des Abends in einem behaglichen Bette lag, dem ich seit langem schon entwöhnt war, mußte ich es doch eingestehen, daß das Glück diesmal mir wirklich gewogen war. Denn hier ließ es sich gut eine Zeitlang aushalten; hier konnte sich Mensch und Tier von den Strapazen der Wüstenreise mit all ihren Entbehrungen erholen. Der Aufenthalt hier war denn auch der Lichtpunkt der ganzen, von Lebensgefahr durchaus noch nicht freien Reise gewesen.

Am anderen Morgen bildete die Musik wieder das Hauptthema, als die Señora anfrug, ob ich nicht das Klavier in Ordnung bringen und stimmen könnte, sie würde gern einen hohen Preis dafür zahlen. Trotz verschiedener Versuche hätte sie noch niemals einen Instrumentenbauer aus San Diego bewegen können, zu ihr zu kommen. Und besonders der Fehler mit den zusammengeklebten Tönen habe ihnen das schöne Instrument ganz verleidet, so daß es schon lange nicht mehr angerührt würde, obgleich es erst ein halbes Jahr alt sei und sie es erst seit der Rückkehr von Europa besäßen. Während dieser Erklärung saß ich gerade davor und klappte zufällig den Deckel mit der linken Hand auf und nieder, als ich ganz plötzlich in der inneren Verlängerung der Tasten zwischen den Tönen Cis und D etwas blitzen sah, was wie Gold, wie ein Ring aussah.

Also das war der ganze Fehler!

Hätte ich den Ring einfach herausgenommen, dann hieße es: „Danke schön" und damit fertig.

So aber klappte ich vorsichtig den Deckel zu, musterte scheinbar das Instrument nach innen und außen mit wichtiger Miene und überlegte meinen Plan.

„Señora," hub ich nach einer Weile mit Siegesgewißheit an (denn nun hatte ich ja Oberwasser): „Was bei Ihrem schönen Instrument fehlt, durchschaue ich vollkommen. Den Schaden kann ich reparieren, aber es dauert lange. Nichts anderes trägt daran die Schuld, als das hier herrschende trockene und überaus heiße Klima, wobei sich die Tasten früher oder später krummziehen müssen. In der Mittellage ist das bereits eingetreten, im nächsten Jahre erleben Sie dasselbe in zwei oder drei anderen Tonlagen. Es wäre jammerschade, wenn dem Übel nicht rechtzeitig abgeholfen würde. Ich möchte sagen, daß es ein glücklicher Zufall ist, der mich hierher führte. Denn kürzlich erst leitete ich einen Klaviertransport von Ensenada durch die Wüste nach Alamos. Daher führe ich noch einige zur Reparatur gehörige Werkzeuge bei mir, darunter auch eine Flüssigkeit, mit der ich dort das Klavier an Ort und Stelle behandelte, d. h. die Tasten einrieb."

Dabei verließ ich auf eine Minute das Zimmer, um mit dem Stimmschlüssel in der Hand und einem harmlosen Medizinfläschchen voll Arnikatinktur zurückzukehren, welch' letztere ich bedeutungsvoll hochhielt.

„Dies, Señora, ist das ganze Geheimnis! Nachdem die Tasten einzeln herausgenommen, abgeschliffen und damit eingerieben werden, ist ein ferneres Krummziehen ausgeschlossen. Freilich dauert das Eintrocknen dieser Tinktur lange, da die Tasten nicht in die Sonne gelegt werden dürfen. Es wird daher eine Woche vergehen, bis die Arbeit beendet ist, wenn es gewissenhaft und für die Dauer sein soll."

Die Dame war selig vor Freude und erbot sich, jeden geforderten Preis für die Wiederherstellung ihres Flügels zu zahlen. Der Honorarfrage aus Schüchternheit ausweichend, bedeutete ich ihr nur, daß man davon erst reden könne, wenn die Reparatur vollendet sei. Eine Bedingung nur stellte ich, und zwar, daß das Zimmer, wo das Instrument stand, für die Dauer der Reparatur von niemand betreten werden sollte.

Am folgenden Tag sollte nun die schwierige Arbeit im Ernst begonnen werden. Zuerst wurde der Schlitten mit den Tasten herausgezogen und der Ring hervorgeholt, den ich vorläufig in meiner Westentasche unterbrachte. Sodann wurden sämtliche Tasten herausgenommen und über alle Möbel des Zimmers verteilt. Eine Verwechselung konnte ja dabei nicht entstehen, da dieselben unterhalb mit Bleistift von 1 bis 85 numeriert waren. Nach dieser Vorbereitung gestattete ich der Señora einzutreten, damit sie sah, daß die Arbeit begonnen war. Das Chaos flößte ihr anfangs einen gelinden Schrecken ein, beim Anblick, wie ihr kostbares Möbel gewissermaßen anatomisch zerlegt war. Natürlich genügten einige beruhigende Worte, um sie von der Zuverlässigkeit meiner „Kunst" zu überzeugen.

Die Sache war für mich äußerst spaßhaft, und es steht nur zu fest, daß derartige Inspirationen nur der bekommen kann, der lange Zeit in Amerika gelebt hat und selbst schon viel betrogen worden ist.

Nach der beschriebenen Vorarbeit hatte ich auch Ruhe — und deshalb wurde überhaupt die ganze Komödie in Szene gesetzt — um an einer Komposition ungestört arbeiten zu können. Da dies ganz ohne Klavier nicht gut ging, legte ich in die Mittellage zwei bis drei Oktaven voll Tasten ein, die dann ab und zu ertönten. Damit war die angeblich verquollen gewesene Mittellage erledigt, die, als ich sie den

Damen vorführte und selbst probieren ließ, eine geradezu ungeheure Freude hervorrief. Bei der Gelegenheit sagte die Dame des Hauses:

„Einige Tage vor Beendigung der Reparatur bitte ich Sie, lieber Freund, mich es wissen zu lassen. Ich will Sie durchaus in der Arbeit nicht antreiben, beabsichtige aber, ein kleines Fest zu veranstalten, zu dem ich einige Freunde einladen will, die eine Tagereise von hier entfernt wohnen."

Das war an einem Donnerstag, und den kommenden Sonntag bezeichnete ich als den Tag der Fertigstellung.

Von nun an regte sich das Haus mit all den Vorbereitungen für den Empfang der Gäste, von denen die weither Zugereisten sogar übernachten sollten. Wohlriechende Düfte nach allerhand Gebäck erfüllten die Luft. Ein stattlicher Ochse wurde geschlachtet; und fast jedem Huhn, das sich da herumtrieb, wurde der Kopf heruntergeholt. Es waren Vorbereitungen wie bei einer Hochzeit.

Am Sonnabend abends langten schon zwei der von auswärts kommenden Familien auf großen, mit Segeltuch überdachten Wagen an. Alles fröhliche Gesichter, die auch einige Mandolinen, eine Dame sogar eine Violine, mitgebracht hatten. Aber in das Klavierzimmer durfte noch niemand treten.

Erst am andern Tage, als auch die übrigen Gäste erschienen waren, legte ich schnell die letzten Tasten des unterdessen auch gestimmten Flügels ein, schob den Schlitten unter die Saiten und öffnete die Tür.

Unter den Klängen des Tannhäusermarsches zogen nun die sämtlichen Gäste ein, es war ein unbeschreiblicher Jubel. Die Wunde meiner linken Hand war unterdessen soweit verheilt und fest geworden, daß mich der Gebrauch derselben beim Spielen kaum noch störte. Das Klavier wurde von nun an für den ganzen Tag nicht kalt. Auch die reizenden und gut einstudierten Mandolinen- und Guitarreduette und Quartette kamen zur Geltung, so auch das Violinspiel einer jungen Dame, die im Verein mit Señorita Elvira, welche dabei sang, die im Westen geradezu unvermeidliche Engelsserenade von Braga, zu meiner Begleitung recht nett vortrug.

Der Verkehr mit diesen tatsächlich musikalischen Leuten versetzte mich ganz in die Länder der Zivilisation zurück, in das stets so gastfreie Haus meiner Eltern, wo viele berühmte Virtuosen verkehrten und ausgelassen lustig waren.

Gegen Ende des Festmahles, bei dem wir, die Unterbrechungen am Flügel eingerechnet, wohl vier Stunden zugebracht hatten, bat ich ums Wort:

„Meine vielgepriesenen Damen!" so begann ich: „Als einziger Herr im Hause, wenn auch selbst ein Gast, erlaube ich mir im Sinne aller das Glas zu erheben auf das Wohl unserer so liebenswürdigen Wirtin Señora Donna Mundet und ihrer beiden Töchter. Sie leben hoch! — Und im Anschluß hieran verrate ich Ihnen auch eine Entdeckung, die ich während der komplizierten Reparatur im Klavier gemacht habe."

Damit zog ich den gefundenen Ring aus der Westentasche und hielt ihn hoch.

„Diesen kleinen Ring, der gewiß ein lange vermißtes Familiengut ist, fand ich beim Auseinandernehmen des Instrumentes in einer versteckten Ecke."

„Ach! Das ist der Trauring meines verstorbenen Mannes!“ rief freudig überrascht die Dame des Hauses. „Ich legte ihn beim Klavierspielen oft ab, und da wird er das eine Mal gewiß hineingefallen sein. Wie gut ist es doch, wenn man das Glück hat, mit einem so ehrlichen Menschen und Gentleman zu tun zu haben!“

Bei diesem Satze mußte ich mir auf die Zunge beißen, um nicht laut aufzulachen, jetzt, da dieser praktische Witz so vortrefflich gelungen war.

Berauscht von dem allgemeinen Jubel hätte ich beinahe die kolossale Dummheit begangen, die volle Wahrheit, die mir auf der Zunge lag, zu erzählen. Doch zum großen Glück hielt ich meine Sprachwerkzeuge diesmal im Zaume. Denn sicherlich wäre ich nur zu plötzlich von der Höhe meines Triumphes heruntergefallen. So aber blieb ich der Held der Situation und wurde sogar noch durch eine herzliche Danksagung von Señora Elvira ausgezeichnet, die damit schloß: „Und wenn ich nicht bereits verlobt wäre, würde es mir eine Freude sein, Ihre Frau zu werden“.

Der Leser möge aber diesen Satz nicht allzu tragisch auffassen, da er nur eine dort übliche, allerdings ganz besondere Höflichkeit, sonst aber weiter nichts bedeutet.

Spät war es, als man sich in der betreffenden Nacht zu Ruhe begab. Unter dem Eindrucke all der vielen Erlebnisse konnte ich aber für eine Zeit nicht einschlafen. Zuletzt im angenehmen Halbschlummer phantasierte ich mich in die schöne Situation, als ob ich zu Hause abends nach dem Essen gemütlich in der Sofaecke läge und den Eltern und Geschwistern von meinen amerikanischen Abenteuern erzählte. Wann und ob überhaupt würde ich wohl je wieder dahin gelangen?! Aus Rücksicht für meine um mich stets ängstlich besorgt gewesene Mutter, um diese nicht aufzuregen, hatte ich damals nie etwas von diesen geradezu wahnwitzigen Reisen geschrieben, wenigstens nicht, ehe ich wieder auf ganz sicherem Boden mich befand. Erst später nach Jahren sollten die Meinigen nach und nach alle die Einzelheiten des Erlebten zu hören bekommen.

So schön auch der Aufenthalt bei den Damen in jeder Beziehung war, schloß ich mich doch einige Tage nach dem Feste einer der herbeigekommenen Familien an, um weiter nach dem Süden um den Gebirgszug herum von dort die Küste wieder zu erreichen. Von der Honorarfrage erwähnte ich natürlich kein Wort. Man soll aber auch nicht denken, daß ich mit leeren Taschen abzog, denn die Señora bestand auf Bezahlung und steckte mir, der ich mich tatsächlich genierte, bei der Abreise eine Hand voll Gold in die Tasche, das sich bei späterem Nachzählen auf achtzig Dollar belief. Das alte Sprichwort: „Ehrlich währt am längsten", wurde hier einmal gehörig lügengestraft. Meine Maultiere waren aber kaum wiederzuerkennen, so gut hatte man sie in Aqua Dulce herausgefüttert.

Während einer Tagereise war ich, wie erwähnt, in angenehmer Gesellschaft, und für den größten Teil des Tages ging es durch einen Palmenhain, der uns vor den Strahlen der Sonne schützte. Unser kleiner Bach blieb als treuer Begleiter stets in sichtbarer Nähe, so daß ich diese Strecke als die bei weitem schönste der ganzen Reise bezeichnen muß. Durch die freundliche Aufforderung meiner Begleiter war es mir noch einmal vergönnt, in einem Bett zu schlafen. Am anderen frühen Morgen erhielt ich sodann ausführliche Beschreibung des ferneren Weges, und nach kurzem aber herzlichem Abschied war ich hinaus, um nun die Reise wieder allein fortzusetzen.

X.

El Rosario.

ach kurzer Zeit nahm die Landschaft wieder den Charakter der Wüste an, und die sonst schon spärliche Vegetation schwand bis auf einige Kakteen und Aloen gänzlich. Zur gleichen Zeit senkte sich fast unmerklich das Terrain. Wenn zwar ein eigentlicher Weg jetzt nicht mehr vorhanden war, so schien ein Irregehen so gut wie ausgeschlossen, da der empfangenen Informationen gemäß ich mich stets an der rechtsseitigen Bergkette entlang zu halten hatte, soweit diese reichte, um an deren Ende nach Südwest umzubiegen. Diese Gegend wurde als vor Raubgesindel völlig sicher bezeichnet; denn wer sollte überhaupt in der Einöde etwas zu suchen haben.

Ohne nennenswerte Zwischenfälle ging die Reise in der beschriebenen Richtung weiter, und erst kurz vor Mitternacht war es, als an einigermaßen erhöhter

Stelle das Nachtquartier gewählt wurde. Jedermann wird es gewiß begreiflich finden, daß mir jetzt in der ungewohnt gewordenen Einsamkeit das Aufschlagen des Zeltes etwas langweilig vorkam. Nach den schönen Tagen von Aqua Dulce beanspruchte diese Arbeit weit mehr Zeit, als dies sonst der Fall war, denn dieselbe war erst zur Zeit beendet, als der jetzt stark abnehmende Mond aufging. Es kam hinzu, daß gelinde Anwandlungen von moralischem Kater auftauchten und mir immer wieder das Unsinnige dieser ganzen Exkursion vor Augen hielten. Denn mit dem richtigen Worte benannt war es doch kaum etwas Besseres, als das Leben eines noch jugendlichen Abenteurers, welches ich nun schon seit einer ganzen Reihe von Wochen führte, ohne auch nur ein Ziel, geschweige einen höheren Zweck im Auge zu haben. Mit solchen Gedanken in der Hängematte liegend, senkte sich dann doch der erlösende Schlaf über mich, nicht eher jedoch, als bis der feste Vorsatz gereift war, diesem Bummelleben alsbald ein Ende zu machen.

Am nächsten Tage war gegen Mittag das Ende der Bergkette erreicht und bald darauf stieß ich auf eine versandete Zisterne, die von zerfallenem Mauerwerk umgeben war. Etwas abseits hiervon stand ein stubenhohes Kreuz von verwittertem Aussehen, an welchem ein mit Stricken befestigtes Skelett hing, dem aber ein Bein fehlte, das unten im Sande lag. Dieses Schauergerippe mußte schon lange dort gehangen haben, denn es war völlig morsch und von der Sonne ganz weiß gebleicht. Ob hier ein Verbrechen seine wohlverdiente Ahndung gefunden, oder ob ein Unschuldiger in willkürlichster Ausübung der Justiz hier in der verlassenen Wüste zu Tode gemartert war, darüber verriet die stumme, verlassene Gegend kein Wort. Keine weitere menschliche Spur oder die irgend eines anderen Lebewesens war ringsumher zu entdecken und mit Schaudern wandte ich mich ab von dem unheimlichen Orte, den ich froh war nicht des Nachts angetroffen zu haben.

Von nun an fiel das Terrain steiler ab und in demselben Maße steigerte sich die sonst schon bedeutende Hitze. Wie zu erwarten stand, stieß ich bald auf ein ausgetrocknetes Flußbett, das mit alkalischen Salzen teilweise bedeckt war, die in der Sonne glitzerten.

Damit war die letzte Gefahr, auf eine falsche Fährte zu gelangen, beseitigt. Die Sonne hatte an dem Tage wieder ihr möglichstes geleistet und stand mir für die letzten Stunden direkt im Gesicht, bis sie endlich als rotglühende Feuerkugel unterging und Mensch wie Tier nicht mehr quälen konnte. Bald trat die Dunkelheit ein, die den Wüstenreisenden stets willkommen ist. Ohne sonstige Schwierigkeiten ging die Reise unten im Flußbett weiter; und nicht selten konnte man zu beiden Seiten oben an der Uferkante die ängstlichen Gestalten der Coyotes auftauchen und verschwinden sehen, die in der Dämmerung weit größer aussahen, als sie wirklich sind. Passionierter Jäger war ich zwar nie, hätte aber gern einen der neugierigen Gesellen heruntergeschossen. Doch nach meinen bisherigen Erfahrungen schien es ratsamer, ruhig des Weges weiterzuziehen, anstatt während der Nacht meine Anwesenheit durch einen Flintenschuß zu verraten.

Das Flußbett bildete ein Cañon, das in einer

zwischen 50 und 120 Fuß sich bewegenden Tiefe in unberechenbaren Windungen viele Meilen weit hinzog. Teilweise fielen die Wände fast senkrecht ab, so daß ein Aufsteigen mit Maultieren schier unmöglich war. Gigantische, eigenartig geformte, säulenartige Felsblöcke von gleicher Höhe standen gebietend mitten darin und beschäftigten den Geist des Durchreisenden mit unheimlichen Phantasien. Das Gefühl, als sei man auf einem von Menschen unbewohnten, ausgestorbenen Gestirn hielt mein Gemüt völlig gefangen und eines gewissen Schauderns konnte ich mich nicht erwehren.

So ging es weiter und weiter in die unbekannte Welt. Ein wenig besorgt wurde ich aber doch, da immer noch nichts von einer Ortschaft zu erspähen war, nach der mein Auge schon vor Untergang der Sonne den rotglühenden Horizont im Südwesten abgesucht hatte. Dabei jetzt die Dunkelheit ohne Mond. Unglücklicherweise war an dem Tage auch meine Taschenuhr stehen geblieben und ich hatte keine Ahnung, welche Zeit es sein mochte, ob 9 Uhr abends oder vielleicht schon 2 Uhr des Nachts.

Sollte ich etwa in einem falschen Flußbett mich befinden, das Gott weiß wohin führte und Roß und Reiter dem sicheren Tode in die Arme trieb?

Jeden Augenblick stand auch zu erwarten, daß das eine oder andere meiner Maultiere stehen bleiben würde, um nicht mehr von der Stelle zu gehen, wie das diese geduldigen und genügsamen Tiere zumeist zu tun pflegen, wenn sie nicht mehr weiter können.

Während solcher Bedenken hörte ich plötzlich links von oben einige Steine herunterpoltern und eine

Stimme rief auf spanisch: „Halt! Wer da? Freund oder Feind?"

Im Nu holte ich meinen Revolver heraus und sah durch die Dunkelheit eine schwarze Gestalt sich nähern.

„Freund," rief ich, dabei aber die Mündung meines Smith and Wessen unverändert auf die rätselhafte Gestalt haltend.

Langsam herabschreitend kam mit einer langen Flinte ein Mönch auf mich zu. „Stehen bleiben! Wer bist Du?" rief ich den schwarzen Gesellen an.

„Ich bin Bruder Oskar aus dem Franziskanerkloster El Rosario, das hier oben liegt, das Du aber ohne mich nicht gefunden hättest. Doch wer bist Du?"

„Ich bin ein Deutscher, den der Trieb, die schöne Welt zu sehen, auch in diese verlassene Gegend geführt hat."

„Ich war einst ein Deutscher," antwortete der Mönch jetzt auf deutsch, „den aber ein großer Seelenschmerz aus der einstigen Heimat vertrieben, mich durch viele Länder wandern ließ, bis ich hier in der Einsamkeit die ersehnte Ruhe fand."

Jetzt erst steckte ich mit einem gewissen Vorbehalt meinen Revolver ein. Ich reichte ihm die Hand, jetzt, da ich seit langem zum ersten Male wieder jemand hatte deutsch reden hören.

Mit deutschen Bekanntschaften, so weit vom Heimatlande weg, soll man recht vorsichtig sein.

Möglichst ungezwungen frug ich nun: „Bin ich in El Rosario angelangt, dann weißt Du Bruder Oskar gewiß einen Platz, wo ich übernachten kann?"

„Wenn Du ein guter Katholik bist, dann steht

Dir unser Kloster unentgeltlich zur Verfügung. Nur hast Du wie jeder andere, der vorbeizieht, eine Steuer von einem mexikanischen Dollar zu entrichten."

„Wofür denn einen Dollar Steuer? Lächerlich geradezu! Bei mir ist unter solch faulem Vorwande nichts zu erreichen. Ich bin zwar kein Katholik, denke auch gar nicht daran, irgend etwas umsonst zu verlangen; ich will Euch gern einen vernünftigen Preis für ein Nachtquartier und die Mahlzeiten bezahlen, obgleich ich ebensogut in meinem Zelte übernachten könnte. Aber Steuern zahle ich nicht."

Nach diesen sehr bestimmten Worten stiegen wir langsam die kleine Anhöhe hinan, wo ich das Kloster mit seinen noch erleuchteten Fenstern erblickte, das ich, ohne es zu sehen, bereits passiert hatte. Denn vom Flußbett aus wäre auch bei Tage nichts davon sichtbar gewesen. Ich will nicht gerade sagen, daß das einsame Kloster irgendwie anheimelnd auf mich gewirkt hätte; dennoch fühlte ich mich gewissermaßen wie von einem Alp befreit, nach Überwindung des unheimlichen Cañon wieder eine menschliche Wohnstätte erreicht zu haben.

Wie man sich aber doch im Dunkeln in der Zeit irren kann: Denn als wir über den ummauerten Hof hinweg in das dürftig erleuchtete Gebäude eintraten, passierten wir am Eingange eine ehrwürdige alte Standuhr, die gerade mit heiserer Stimme die zehnte Stunde meldete. Hätte dieses Kunstwerk die zweite Morgenstunde verkündet, würde ich ihr ebenfalls geglaubt haben.

Jetzt konnte ich auch meinen neuen Freund etwas genauer ins Auge fassen, und ein Schauer packte mich, als ich den vor mir stehenden langen dürren Schlingel mit dem fuchsigen Bart und den brandrot unterlaufenen Augen, aus denen ein dämonisch blutdürstiges Feuer sprühte, näher betrachtete. Dabei begleitete er jeden Satz, den er sprach, mit einem lauernden Grinsen, das alles andere, aber nur nicht die Ehrlichkeit verriet. Eine tiefe Narbe, offenbar von einem Säbelhieb, die sich von seiner Platte aus bis dicht über das linke Auge hinzog, vervollständigte das Bild dieses unheimlichen Gesellen, in dessen Gegenwart ich mich nie einen Augenblick hätte schlafen legen mögen. Jedenfalls ein sonderbarer Heiliger.

Alle möglichen Gedanken mußte dieser Mönch in mir erwecken. Indes war ich zu sehr ermüdet, um diesen jetzt nachzugehen und beeilte mich, die erschöpften Saumtiere an die mir angewiesene Stelle zu führen und zu versorgen. Nach einem einfachen Nachtmahl, das mir mein Landsmann sodann verabfolgte, zeigte mir dieser im oberen Stockwerke das für mich bestimmte Zimmer.

Nach der Gewohnheit alter, vorsichtiger Reisender in jener Gegend unterzog ich zunächst die Wände, die Decke, den Fußboden, sowie alle verdächtigen Gegenstände des Zimmers einer genauen Musterung, verrammelte die Tür durch Anrücken des Bettes, legte meine Handwaffen in greifbare Nähe und verfügte mich endlich zur Ruhe. Eine angenehme Beruhigung wurde mir in dem Bewußtsein zu teil, daß ich meine lieben vierbeinigen Reisekameraden direkt meinem Fenster gegenüber untergebracht wußte, so daß sie mir nicht so leicht unbemerkt gestohlen werden konnten.

Zeitig am anderen Morgen weckte mich Glockengeläute aus dem Schlafe, und als ich bald darauf zum Frühmahle herunterkam, stellten sich mir die übrigen frommen Brüder vor, die, vielleicht zehn oder zwölf an der Zahl, alle Mexikaner zu sein schienen. Vertrauenerweckende Erscheinungen waren diese ebenfalls nicht, worauf deren mißtrauische und neugierige Blicke genugsam hindeuteten. Bruder Oskar aber, der Deutsche, führte mich nachher durch alle Räume, wobei ich indes die Vorsicht beobachtete, genau aufzupassen, daß mir der Rückzug nicht verlegt wurde. Immer mehr gelangte ich zu der Überzeugung, daß dieser Bruder Oskar früher ein Verbrecher ersten Ranges gewesen sein mußte, der vor der Nemesis in diese öde Gegend geflüchtet war. (Bei solchen Reflexionen wurde ich immer von neuem an das Skelett am Kreuze erinnert. Ob dieses nicht am Ende ein Opfer der Mönche von El Rosario gewesen war?)

Unser Weg führte schließlich in die Kapelle, die von Weihrauchduft erfüllt wohl der größte Raum gewesen sein mag.

Beim Eintreten ertönte dünner Orgelklang, der von einem Harmonium ausging, das einer der frommen Leute ganz mittelmäßig spielte. Auffallend war dabei, daß das sogenannte „kleine As" (links vom eingestrichenen c) konstant mitbrummte. Da der Mönch gerade in G-dur spielte, war das besonders peinlich, denn nachdem der Schlußakkord einer jeden solchen Übung ausgeklungen war, tönte das unerwünschte „As" noch so lange weiter, als Wind im Blasebalg vorhanden war. Am Schlusse dieser geistlichen wie musikalischen Andacht bat ich, das mangelhafte In=

strument einmal selbst versuchen zu dürfen. Die Mönche jedoch hielten dieses Angebot für einen faulen Witz; denn meinem Aussehen nach, das mehr dem eines Räubers von Fach glich, hätte keiner einen Musiker von Fach in mir vermuten können. Im Laufe des Gespräches schien jedoch das vorwaltende Vorurteil zu schwinden und, wenn auch mit einigem Zögern, vertrauten die Mönche ihr geheiligtes Instrument meinen ketzerischen Fingern an.

Es war eine amerikanische sogenannte „Cottage organ", vermutlich aus Chicago, die sicher schon lange dort gestanden haben mußte. Angesichts des ewig summenden As begann ich nun eine Art Orgelpunktphantasie in As-dur, bei der ich für längere Zeit mich in Des-dur bewegte und durch verschiedene Tonarten wie F-moll, sogar E-dur hindurch mit As-dur triumphierend abschloß.

Als ich mich vom Sitz erhoben hatte, waren die frommen Männer sämtlich um mich versammelt und drückten mir einer nach dem andern warm die Hand. Nunmehr schien das Eis gebrochen und auch der störende Umstand, daß ich kein direkter Glaubensgenosse war, beeinträchtigte nicht mehr die gegenseitige Unterhaltung. Jeder aber wollte wissen, was mit dem summenden Ton geschehen sei, von dem nun nichts mehr zu hören war.

Die Mönche baten mich, doch einige Zeit bei ihnen bleiben zu wollen, um eventuell ihrem Organisten einige Stunden zu geben, vielleicht sei ich auch imstande, ihnen das defekte Instrument gleich zu reparieren. Es erschien mir in der Tat nicht schwierig, diesen einen Ton mit der gesenkten Taste in Ordnung zu bringen. Denn jedenfalls gab es doch unterwärts eine Art Feder, um die Taste in den normalen Zustand zu heben. Es war mir von jeher nie schwer geworden, mich in die Konstruktion irgend eines Apparates hineinzudenken und so schien die Aufgabe, diesen defekten Mechanismus wieder instand zu setzen, ein wahres Kinderspiel.

Im Laufe des Nachmittags machte ich mich dann im Ernst an die Arbeit. Zu allererst wurde natürlich der Kasten auseinandergeschraubt. Nicht lange darnach, es mochte vielleicht 6 Uhr abends sein, überreichte mir schon einer der geistlichen Herren die Tagesrechnung, die an Unverschämtheit ihresgleichen suchte. Für jedes der Maultiere war schlankweg ein Dollar pro Tag aufgesetzt worden, so daß die ganze Forderung über 6 Dollar betrug. Dabei frug der auf Geld Wartende, ob ich nicht noch eine Stiftung an das Kloster machen wollte. Ohne ein Wort weiter zu verlieren, zahlte ich den geforderten Betrag, dazu noch 2 Dollars extra als Stiftung. War diese Rechnung auch über den Span bemessen, so schien es weiser, nichts darüber zu erwähnen. Im stillen nahm ich mir aber vor, die Rechnung für Reparatur der Orgel entsprechend aufzustellen. Allerdings war dann der nächstliegende Gedanke der, daß es wohl nicht so leicht sein würde, bei diesen Gaunern etwas einzukassieren; denn die waren zwölf Mann und ich nur einer.

Was nun den Mechanismus der Orgel betraf, so hatte ich diesen nach einigem Studium völlig kapiert. Es erwies sich jedoch bald unmöglich, unterhalb der defekten Taste zu operieren, ohne links davon eine Anzahl Tasten fortzunehmen. Dies war entschieden der leichteste Teil der Arbeit, wie wir bald sehen werden.

Unterdessen war die Dunkelheit angebrochen und einige Lampen wurden hereingebracht.

Es lag mir daran, die Arbeit möglichst schnell zu erledigen, damit am anderen Morgen bei der Frühandacht das Instrument wieder in Ordnung wäre. Leider ging das nicht so schnell von statten als es gewollt war, denn der Instandsetzung stellten sich große Hindernisse in den Weg. Ohne im mindesten die persönliche Ruhe zu verlieren, geschweige denn Befangenheit zu zeigen, erklärte ich den Mönchen, daß die Arbeit keinesfalls vor Mitternacht vollendet sein würde.

Um 9 Uhr wurde unter großem Gerassel die Haustür von innen verschlossen und es wurde bald totenstill im Kloster. Das einzige die Grabesstille unterbrechende Geräusch war das langsame Ticken der ehrwürdigen Standuhr draußen im Vorraume.

Vor der offenen Eingangstür der Kapelle postierte sich wie zur Wache ein Mönch, um mich zu beobachten. Stumm wie eine Mumie starrte der ungemütliche Geselle unverwandt auf die Arbeit, was nur dazu geeignet war, mich noch nervös zu machen.

Endlich nach langem Würgen war das As so weit, daß es oben blieb und nun sollten die vorher entfernten Tasten wieder eingesetzt werden. Jetzt gingen erst die wirklichen Schwierigkeiten an, denn bei den wieder eingesetzten Tasten stellte sich teilweise derselbe Fehler ein, die nach unten gesenkt blieben, sowie sie einmal angeschlagen waren.

Vergeblich nahm ich die Tasten heraus, und vergeblich setzte ich sie neu ein. Die Sache wurde aber immer schlimmer.

Jetzt brach mir der Angstschweiß auf der Stirne aus, denn trotz bestem Willen ruinierte ich die Orgel mehr und mehr. Dazu der Gedanke an das mich konstant still beobachtende Gespenst in Mönchskleidern, das anzusehen ich nicht mehr wagte, dessen Blicke ich aber auch ohne hinzusehen zu verspüren vermeinte.

Durch völlige Ratlosigkeit konfus gemacht, wollte nichts mehr glücken. Aber was tun? Wußte ich doch sicher, daß angesichts des verursachten Schadens mich die Kerle massakrieren würden.

Der einzige Ausweg, die einzige Rettung war Flucht. Doch wie da herauskommen, denn die Fensterlöcher waren alle schwer vergittert.

Allen meinen Mut zusammennehmend, wandte ich mich um nach der geöffneten Eingangstür. Doch siehe — der Mönch war fort.

Im gleichen Moment hörte ich von außen her wie zum Gruß den eselähnlichen Ton eines der guten Maultiere. Jetzt half kein Zaudern; schnell entschlossen wagte ich mich aus der Kapelle hinaus, bei dem Mönche vorbei, den ich, eine Klingel krampfhaft in der Hand haltend, auf einer Bank im Vorraum schlafend vorfand. Leise am Eingangstor vorbei schlich ich mich hinauf in mein Zimmer. Einen tötlichen Schrecken empfand ich auf diesem Wege, als ich ein Rasseln unten vernahm, das von dem Ausheben der Uhr, die die zweite Nachtstunde ankündigte, herrührte.

Zum großen Glück hatte ich oben meinen Restvorrat an Seil untergebracht, wie auch den von Mr. Ferris geschenkten Feldstuhl. Hier oben hatten die Fenster auch keine Eisengitter. Ohne mich wieder hinunter in die Kapelle zu wagen und die Orgel wenigstens zusammenzusetzen, ließ ich mich, den Feldstuhl als Andenken hinterlassend, vom Fenster aus an dem rettenden Seil hinunter und war nun im Hofe, wo zum Glück der Torschlüssel von der Innenseite steckte.

Der Mond, dessen Aufgang bald erfolgen mußte, war jetzt noch unterhalb des Horizontes.

So leise als nur irgend möglich belud ich die beiden geduldigen Maultiere, leider allerdings ohne dieselben vorher nochmals tränken zu können. Wasser war zwar im Kloster vorhanden, doch über den Ort der Zisterne wurde von seiten der Mönche eine unerklärliche Geheimnistuerei beobachtet. Nach einer ängstlichen halben Stunde, die mit Vorbereitungen verstrich, schloß ich leise die Hoftür auf und ohne Wasser oder fertig genießbare Lebensmittel ging es fort, hinunter ins Flußbett, gerade in dem Augenblicke, als die Mondsichel aufging.

Dieser Weg, dessen war ich sicher, führte hinunter zum Ozean, der von hier aus noch knappe 12 Meilen entfernt war. Nach monatelangem Herumstreifen in Wüste und Staub sollte ich die schöne blaue Ozeanfläche wieder erschauen und zwar in nur wenigen Stunden. Dieser Gedanke gab auch Mut und Hoffnung wieder; denn falls im Kloster bei Tagesanbruch alles noch fest schlief, hatte ich drei volle Stunden Vorsprung.

Sehr fatal war es freilich, daß meine Taschenuhr kaput war und ich nun bis zum Morgengrauen absolut keine Kontrolle über die verflossene Zeit hatte.

Es schien, als ob die beiden Grautiere wußten, daß es sich hier um Flucht handelte, denn sie liefen in einem Tempo, wie sie wohl nie gelaufen sein werden. Endlich brach der ersehnte Tag an. Beim Aufgang der Sonne verließ ich dann der besseren Orientierung wegen das Flußbett, denn die Küste konnte doch nun nicht mehr weit ab sein. Und wahrhaftig, dort oben angelangt, bot sich ein entzückendes Bild. In etwa drei englischen Meilen Entfernung lag im blendend blauen Morgenlichte der schöne Ozean, in welchen eine lange Mole hineinragte, an der — welch Glück — ein kleiner Dampfer lag, der aus dem Schornstein dicke Rauchwolken in die klare Luft sandte.

Daß mir nur um Himmels willen der Dampfer nicht direkt vor der Nase noch abging!

In rasender Eile, wie ich noch nie in meinem Leben geritten, ging es jetzt die sanfte Anhöhe hinunter und dann an einigen Blockhäusern im Sturm vorbei, dem Schiff da unten immer näher gelangend. Da — welch Entsetzen — kaum eine halbe Meile vom Dampfer entfernt, sah ich, wie er sich langsam in Bewegung setzte und zuerst von der Mole aus einen Bogen beschreibend herumdrehte. Schnell riß ich meine Büchsflinte herunter und dabei immer näher kommend, feuerte ich und rief in die Luft. Endlich hatten sie mich gehört und verstanden, das Schiff drehte bei und legte nochmals an, und in kaum mehr als einer Minute waren wir glücklich an Bord und wieder abgestoßen, unbekümmert darum, wohin der Dampfer überhaupt fuhr. Das Glücksgefühl des Gerettetseins ließ keine anderweitigen Reflexionen vorläufig aufkommen.

Die Klosterbrüder werden mich sicherlich nach

der Küste zu verfolgt haben, nachdem sie den leider ohne meine Absicht angerichteten Schaden entdeckt hatten. Trotz meines aufrichtigen Bedauerns darüber hätte ich aber nur zu gerne die langen Gesichter meiner Verfolger sehen mögen, als man ihnen an der Küste erzählt hat, daß das Schiff „Kaspar“ da war und einen wie rasend heranstürmenden Reiter mit zwei Maultieren im letzten Moment noch mitgenommen hat.

XI.

Los Cedros und die Heimreise.

ringendster Wunsch meinerseits war natürlich Schlaf. Wenn allerdings während der letzten Nacht vor lauter Aufregung von Schlaf nicht die Rede gewesen sein konnte, so kam jetzt in dem Bewußtsein persönlicher Sicherheit die Reaktion mit desto größerer Macht. Die körperliche wie geistige Spannung hatte ihren Höhepunkt erreicht. Die größtenteils schauerlichen Ereignisse, welche in den letzten Wochen mich heimgesucht hatten, erschienen mir wie die Erlebnisse mehrerer Jahre. Aber sie hatten auch die Widerstandsfähigkeit meiner Nerven gebrochen. In rasendster Hast hatte ich als Fliehender mit knapper Not das Schiff, den „Kaspar", erreicht, ohne auch nur für einen Moment daran zu denken, wohin derselbe überhaupt fahren mochte. Nachdem ich mich überzeugt hatte, daß meine beiden Maultiere sicher und bequem untergebracht waren — die lieben Tiere hatten sich auch sofort nach empfangener Tränkung in ihrer ganzen Länge ausgestreckt — legte auch ich mich schlafen.

Mit dem Betreten des „Kaspar", der die amerikanische Flagge trug, hatte ich Mexiko, das Land meiner Schrecken, verlassen. Der „Kaspar" war aber kein eigentliches Passagierschiff, sondern diente nur zum Transport von Goldsand und goldhaltigen Steinen, und machte mit seiner langsamen Fortbewegung zehnmal mehr Lärm und Umstände als ein großer Schnelldampfer. Es stampfte und pustete dabei, als wenn die zwölf Knoten Geschwindigkeit eine ganz riesige Leistung wäre. Auch die Bequemlichkeit, besonders wegen der geringen Größe des Dampfers, war durchaus nicht mit derjenigen eines Passagierdampfers zu vergleichen und bot kaum mehr, als man sonst unter Zwischendeckskomfort versteht.

Als ich dann am späten Nachmittage von einem sehr tiefen Schlafe aufwachte, ging ich auf Deck. Donnerwetter, die Hitze! Spiegelglatt lag der Ozean da, von der Sonne, die bereits weit über der rechten Seite des Schiffes stand, grell beschienen. Aber von der Küste war ringsum nichts zu sehen.

Nanu! wir fahren doch nicht etwa nach China hinüber?

Doch nein, wir fuhren ja überhaupt nicht. Denn von der Schiffsschraube war jetzt nichts zu hören und ein Blick auf die Wasserfläche überzeugte mich, daß wir stille standen.

Jetzt aber nahm die Frage des „Wohin" greifbarere Wichtigkeit an. Von einer Verfolgung durch die Mönche waren wir insofern sicher, als der „Kaspar" erstens viel zu weit von der Küste weg war, um gesehen zu werden. Zweitens aber lag in der El Rosario-Bucht kein einziges Dampf- oder Segelboot, das die Verfolgung hätte aufnehmen können. Während dieses Gedankenganges kam der Kapitän auf mich zu und lüftete nachlässig seine keineswegs standesgemäße Kopfbedeckung. Dieser wackere Besieger der Fluten, der die Eigenschaften als Schiffsleiter, Purser, Schiffsarzt und Obersteward alle in seiner eigenen Person vereinigte, stellte sich jetzt vor:

„Käpt'n Mendelssohn ist mein Name; möchte wissen, wohin der Herr zu fahren wünscht, denn morgen früh 6 Uhr landen wir vor Los Cedros."

„Los Cedros! Cerro! — Oh! — Ich wollte eigentlich nach San Diego! Da fahren wir ja gerade entgegengesetzt. — Habe ich denn dort Gelegenheit, wieder zurück zu kommen?"

„O ja, wenn Sie solange dort warten wollen. Wir halten dort 2—3 Tage und laden Gold ein. Dann geht die Reise über Ensenada zurück nach San Diego, wo wir all das aufgesammelte Gold abladen."

„Doch warum halten wir jetzt still, Käpt'n?" frug ich.

„Eine kleine Reparatur ist es nur, weiter nichts. Am Zylinder liegt es, der hat sich heiß gelaufen; und wir werden kaum vor Abend wieder abfahren. Dies um so mehr, als wir sonst mitten in der Nacht vor Los Cedros ankommen und niemand am Pier finden würden."

Etwas kleinlaut fragte ich: „Landen Sie auf dem Rückwege wieder an der Mole bei El Rosario?"

„Wenn Sie es wünschen, ja. Das kostet aber extra 5 Dollars Piergeld.“

Aus begreiflichen Gründen verzichtete ich auf diese Landung.

„Vorläufig“, sagte der Kapitän, „haben Sie Ihre Überfahrt nach Los Cedros zu bezahlen.“

Nach Erledigung dessen wurde das Tamtam geschlagen und der Kapitän geleitete mich hinunter zu Tisch in das allgemeine Zimmer, wo das Hauptmahl des Tages gerade eingenommen werden sollte. Freilich unterließ ich vor dem Hinabsteigen nicht, den ganzen Horizont, insbesondere aber den Osten, mit den Augen nochmals nach irgend einem verdächtigen Fahrzeug abzusuchen, das etwa meine Mönche herführen könnte.

Unten hatten schon die anderen am langen Tische Platz genommen und warteten nur auf den Kapitän, der soeben mit mir den nur halbhellen Raum betrat. Dort vernahm ich von einer kreischenden Stimme eine wahre Flut amerikanischer Schimpfworte, die offenbar mir, dem fremden Eindringling, zu gelten schienen. Aber der Beleidiger war kein Mensch, sondern ein großer grün-gelber Papagei, der aus Zentral-Amerika offenbar stammend, der besondere Liebling unseres Kapitäns zu sein schien. Die Wut des drolligen Vogels gegen mich war unverkennbar und der Kapitän sagte: „Wenn Sie den Kerl versöhnen wollen, dann müssen Sie Ihren Sombrero abnehmen, nachher ist er ganz nett. Nicht wahr, Loretta?“ — Ehrerbietig nahm ich nun sofort den Hut ab, während der Kapitän den Papagei auf die Hand nahm und mir zuführte. Das Tier war nunmehr gänzlich beruhigt und ließ sich auch ganz willig von mir streicheln. „Der hätte Sie noch tüchtig bearbeitet, wenn Sie den Sombrero aufbehalten hätten“, sagte sein Herr, „denn die Dinger kann er nicht leiden, weil ihn vor Jahren einmal ein Herr im Sombrero tüchtig verhauen hat. Das vergißt der Vogel nie. — So, Loretta, nun gib mal dem Herrn eine Hand zur Versöhnung“.

Nach diesem kleinen Intermezzo erfolgte die Vorstellung und wir nahmen mit Platz. Die übrigen Teilnehmer an der Tafel des mehr den Charakter eines Zwischendeckes tragenden Raumes waren des Kapitäns Frau, der Maschinist, der Obermatrose (oder was er war) und noch ein Passagier, der in derselben Station eingestiegen war, wo ich mit knapper Not das Schiff gerade noch erreicht hatte. Alle litten unter dem Eindruck der kolossalen Hitze, die hier unten in dem niedrigen Raume um so drückender war, weil das Schiff festlag und somit kein Luftzug Kühlung schaffen konnte.

Für alle Schiffsreisenden bildete das Hauptinteresse stets ein neueingestiegener Passagier. Dieser Vorzug wurde meiner Person um so mehr zu teil, weil der andere Passagier mich nicht kannte und ich, aller Neugier zum Hohn, den ganzen Tag geschlafen hatte und erst am Nachmittage mich sehen ließ. Das Drolligste war, daß man betreffs meines Berufes bereits allerhand Wetten gemacht hatte, die aber alle fehlgingen. Der eine hielt mich für einen Eisenbahningenieur, der gekommen sei, eine Bahn der Küste entlang zu bauen. Andere Mutmaßende erblickten in mir einen Whiskyhändler, einen Zigarrenschmuggler usw.

Während all dem Hin- und Herraten verließ

der Kapitän mit einem verschmitzten Lächeln den Tisch, um sofort mit einem kleinen Schächtelchen zurückzukehren, das er neben seinen Platz legte. Ohne ein Wort zu sagen, schnitt er zuerst eine Scheibe Brot ab. Hierauf öffnete er schweigend das Schächtelchen, nahm daraus einen allem Anschein nach bisher unbenutzten Rasierpinsel und tauchte in die zu einem Brei geschmolzene Butter, sich auf diese Art ein Butterbrot streichend. Natürlich geschah dies unter schallendem Gelächter des ganzen Tisches, das der Papagei hinterher noch eine Minute fortsetzte.

Nach diesem originellen Mahle machten sich die anderen daran, Poker zu spielen, während ich vorzog, oben auf Deck die jetzt etwas kühlere Seeluft zu genießen, jetzt, wo die Sonne als rotglühende Kugel sich in die westlichen Fluten zu tauchen anschickte. Das Meer sah in dem Moment wie eine flüssige Feuermasse aus, in welcher bewegungslos unser kleiner Dampfer wie von aller Welt verlassen lag. Kein Lüftchen rührte sich, kein verdächtiges Fahrzeug war zu erspähen. Nur das in den Tropenwässern so herrliche Meerleuchten entfaltete sich an diesem ruhigen Abend in besonderer Pracht.

Als es bereits Nacht war und sich alles zur Ruhe begeben hatte, setzte sich der „Kaspar" wieder langsam in Bewegung, wenn auch nur mit halber Geschwindigkeit. Dies aber brachte Luftzug und Kühlung auch in die inneren Räume des Schiffes, das auf der spiegelglatten See so ruhig dahinzog, als wäre es eine Fahrt auf der Elbe. Bei Tagesanbruch kamen hohe Berge im Süden zum Vorschein, die ebenfalls völlig kahl schienen. Und bald darauf ertönte die Dampfschiffpfeife für die Ankunft an Ort und Stelle. Eine Landungsbrücke oder dergleichen ähnliches war in der kleinen Bucht nicht vorhanden. So ging denn der Dampfer einige hundert Schritt entfernt vor Anker und ließ Flosse und Boote an sich herankommen. Immerhin aber war die Landung eines Fahrzeuges dort ein Ereignis für die Menschen, wie auch für die zahllosen Pelikane, welche aus ihrer Alltäglichkeit aufgescheucht im Scheine der Morgensonne wild kreischend durcheinanderflogen.

Eine Verfolgung seitens der Mönche nicht mehr befürchtend, riskierte ich jetzt auch ans Land zu gehen und kletterte in das an Ketten befestigte große Faß mit Ausschnitt und Sitzbrett, das per Dampfkrahn in das unten haltende Ruderboot gelassen ward.

Auf dieselbe Art werden übrigens an sämtlichen Ankerplätzen von Zentral-Amerika die Passagiere der größeren Dampfer ebenfalls ans Land befördert, und zwar geschieht das stets unter Hurrabrüllen der an Bord verbliebenen, dessen Stärkegrad mit dem Grade der persönlichen Beliebtheit des Scheidenden übereinstimmt.

Einige am Strande gelegene Segelkähne bildeten die einzigen Anzeichen, daß hier gelandet wurde, denn mit Ausnahme eines alle paar Wochen hier ankommenden Golddampfers war diese Insel vom übrigen Weltgetriebe völlig abgeschlossen. Und die paar Strandbewohner stürzten sich auf die mitgebrachten Zeitungen mit einer wahren Gier.

Meine erste Tätigkeit an Land war, wie der Leser leicht erraten kann, daß ich ein Seebad nahm, ein Vergnügen, das mir seit Ensenada, also seit mehr denn sechs Wochen, versagt gewesen war. Die Qual durch Flöhe war auch auf dem Dampfer „Kaspar" ganz fürchterlich gewesen, so daß man stets Insektenpulver bei sich führen mußte, das man ab und zu in die Rockärmel oder in den Halsbund hineinschüttete, hauptsächlich aber vor dem Schlafengehen.

Auf dieses erfrischende Bad folgte ein Spaziergang durch die aus etwa einem Dutzend Holzbuden und Zelten bestehende Ansiedelung. Ein der Dampfschiff-fahrtgesellschaft gehöriger langer Schuppen, hauptsächlich aus Wellblech ausgeführt, war die größte der dortigen Baulichkeiten, unter denen es aber nicht weniger als vier Biersaloons gab. An der einen Seite des Wellblechschuppens war ein Plakat angeklebt, das ein Lohnangebot enthielt für Arbeiten in den oben in den Bergen gelegenen Goldminen, unterzeichnet von der Rialto Exploration Company. War auch die Offerte eine durchaus günstige, so besaß sie keinerlei Reiz für mich, umsomehr wenn man an das Gesindel dachte, wie es in solchen Gegenden der Durchschnitt war. Für weitere interessante Abenteuer war bei mir auch gar keine Lust mehr vorhanden. Staub, glühend heißen Staub hatte ich zur Genüge geschluckt und nur ein Gedanke herrschte vor: Zurück zur Kultur!

Das Plakat aber führte zu dem Gedanken, ein zweites Angebot dort anzuheften, und nach dem Schiff zurückgekehrt, verfertigte ich ein Plakat mit der Aufschrift:

„Zwei Maultiere, ein Sattel, sowie eine komplette Zelteinrichtung sind zu verkaufen und befinden sich an Bord des S. S. Kaspar."

Am gleichen Nachmittage noch wurde das Schriftstück am Schuppen befestigt. Freilich bedeutete dies die Trennung von meinen beiden langohrigen Reisegefährten, die so vieles Interessante miterlebt und sich als blindlings treu erwiesen hatten.

Tags darauf kam auf einem Floß ein Amerikaner herangerudert und ließ sich per Faß auf den „Kaspar" hinaufwinden, um die Tiere zu besichtigen. Allem Anscheine nach war es ein Mann, der der dortigen Sippe an Bildung wie auch moralisch entschieden überlegen war, von dem auch zu erwarten stand, daß er die Burros weit menschlicher behandeln würde, als die rohen Mexikaner es tun. In kurzer Zeit war der Handel perfekt, der Amerikaner zahlte in der Tat nobel. Nur machte ich mir eine Bedingung, daß die beiden Tiere, wenn dieselben auch auf dem Lande untergebracht seien, bis zum Abgange des Dampfers als mein Eigentum gelten sollten. Nach Empfang des Preises in Gold und Silber mußte ich eine Quittung ausstellen, die auf Verlangen des Käufers auch Kapitän Mendelssohn unterzeichnete. Es wurden nun die guten Tiere unter dem Krahn placiert, einem jeden ein Gurt um den Leib gelegt, und der Dampfkrahn hob eins nach dem andern in die Lüfte, um sie dann behutsam neben allem anderen auf das Floß zu setzen. Wenige Minuten darauf landeten wir alle, Mensch und Tier wieder auf der Insel, wo zum Schluß noch der Kauf an einer Bar mit heimatlichen Getränken begossen wurde. Es tat mir aber doch das Herz weh, die lieben treuen Reisekameraden von nun an von mir getrennt zu wissen.

Während des ganzen Tages wurde goldhaltiges Mineral, das in vielen großen Säcken ankam, gewogen und verladen, mit Argusaugen ängstlich bewacht von den schwerbewaffneten Besitzern. Am Abende verkündete der Kapitän, daß am anderen Nachmittage der „Kaspar" wieder in See gehen würde und daß man sich spätestens um 4 Uhr an Bord befinden müsse.

Ein am letzten Morgen der Insel abgestatteter Besuch galt in der Hauptsache den beiden Maultieren; denn noch einmal sollten sie ihren früheren Herrn auf einem kleinen Spazierritt begleiten. Da es jetzt kein Zelt mehr zu transportieren gab, hätte ja das eine genügt; doch das Packtier lief, wie zu erwarten war, gewohntermaßen beim Ausritt nebenher. Die im Gebirge gelegene Goldmine zu sehen und nochmals staubige Luft zu atmen, hatte ich keinerlei Verlangen. Weit interessanter gestaltete sich daher ein Spazierritt an der östlichen Küste entlang nach der Südseite der Insel zu, von wo aus das mexikanische Festland Alt-Californiens zu sehen war. So ging es denn durch einen herrlichen Palmenhain über eine kleine Anhöhe an den Strand hinunter, wo wir etwa zu Mittag anlangten. Da es an dem Tage wieder sehr heiß war, benutzte ich die Gelegenheit, zum Schluß noch ein Bad zu nehmen, worauf ich zum Schutze gegen die Sonne nur mit Sombrero und einem Hemd bekleidet, im Wasser watend mit dem Revolver eine Menge der leider dort so stark vertretenen Stingerys (große flunderartige Fische mit einem Stachel) durchschoß.

Für Badende sind diese Tiere eine große Gefahr, indem sie sich beim Herannahen eines Menschen in den Sand einpaddeln und nur die beiden Augen und den Stachel herausstehen lassen, die erst, nachdem die Sandwolke im Wasser sich gesetzt hat, sichtbar werden, d. h. nur für den Kenner. Diese Stingerys sind dort bis einen Meter lang, am Kopfende über einen halben Meter breit und haben ungefähr die Form eines Kinderdrachens. Tritt nun jemand mit nacktem Fuße auf den Stachel, der zwei Widerhaken hat, so gibt das eine sehr schmerzhafte und brennende Wunde. Der Betroffene wird das Scheusal nicht wieder los, bis jemand das Schwanzende mit dem Stachel lostrennt. Der Stachel aber mit seinem Haken kann nur aus dem Fleische herausgeschnitten werden, wobei die Betroffenen zumeist in Ohnmacht fallen.

Es war mir ein großes Vergnügen, in der erwähnten Weise einer Menge dieser teuflischen Bestien mitten durchs Herz zu schießen. Die Zeit konnte ich nicht verpassen, da mir der Maschinist des „Kaspar" seine Uhr geliehen hatte, wofür ich ihm meine etwas wertvollere, aber leider stehen gebliebene als Pfand zurückließ.

Mit der Zeit hatte ich aber auf die flachen Fische meine ganze mitgenommene Munition verknallt, was recht unklug gehandelt war. Es kam hinzu, daß der auf der Meeresfläche liegende Sonnenreflex während der langen Zeit mir etwas zu Kopfe gestiegen war, die normale Denkkraft raubte — —
— — — — — — — — — — — — — — —

alles mich Umgebende erschien wie in einen Schleier gehüllt und in traumartigem Zustande vollzogen sich mit einem Male alle die nun kommenden Ereignisse. Eine bleierne Schwere, die abzuschütteln unmöglich war, lastete wie lähmend auf mir. Während der von der Lichtflut ermüdete Blick noch immer wie gebannt auf die Oberfläche des Meeres gerichtet war, hatte ich daher nicht gleich bemerkt, daß ein kleines Segelboot vom Festlande aus auf mich, der ich erst halb bekleidet war, lossteuerte und sichtlich schnell die Fluten teilte. Mit einer gewissen Unruhe vollendete ich meine Garderobe und holte die beiden Maultiere heran, um sofort zu fliehen, als bereits das Segelboot beidrehte und nur einen Steinwurf entfernt antrieb. Mit einem Schauer des Entsetzens erkannte ich jetzt zwei Franziskanermönche, von denen der eine, Bruder Oskar, ausstieg und schnell auf mich zukam. Zur Verteidigung meinen leeren Revolver ihm entgegenhaltend, ließ ich den frommen Mann herankommen.

„Wir sind gekommen," begann Bruder Oskar mit herausfordernder Frechheit, „um Dich festzunehmen und in das Staatsgefängnis von St. Quentin zu bringen, falls Du uns nicht sofort hundert Dollar Schadenersatz zahlst für unsere freventlich ruinierte Orgel". —

„Nanu! Laß mal vernünftig mit Dir reden, Bruder Oskar. Ihr wißt recht gut, daß ich Euch nur eine Gefälligkeit erweisen wollte, weil Ihr es von mir wünschtet. Ich bedauere gewiß aufrichtig, daß mir die Reparatur derart mißglückt ist. Wenn Du aber in dem Tone mit mir verhandeln willst, dann will ich Dir nur sagen, daß ich in dem Augenblicke wo Du mich angreifen willst, Dir eine rein weltliche Kugel durch Deinen geheiligten Schädel jage, als wenn ich einen tollen Hund vor mir hätte! Eine gewisse Entschädigung will ich Euch zahlen, aber 100 Dollar ist unverschämt viel für den alten Wimmerkasten.

Fünfzig Dollars will ich Euch zahlen, wenn Ihr mit mir an den „Kaspar“ kommt.“

„Das kannst Du leicht sagen. Wenn Du aber einmal an Bord bist, zahlst Du uns keinen Centavo.“

Bruder Oskar hatte damit allerdings richtig geraten. Einen anderen Plan im Auge haltend, sagte ich darauf: „Gut! Dann will ich in Euerm Segler mit Euch zusammen an den „Kaspar“ heranfahren. Diese beiden Burros, die Ihr als die meinigen doch noch kennt, sollen auch mit und Euch als Pfand dienen. Ihr behaltet sie im Boot, bis ich Euch den Scheck über fünfzig Dollars bringe“.

„Jawohl, Scheck! hat sich was. Bare Münze wollen wir.“

„Gut, sollt Ihr auch haben.“

„Ja, aber die Burros sind nicht mehr als 25 Dollars wert; da müssen wir die goldene Uhr noch haben.“

Freche Bande, dachte ich, wartet nur, Euch lege ich noch rein; ich sagte daher: „Die Uhr, die bekommt Ihr nicht jetzt, denn die ist viel zu wertvoll. Ich gebe sie Euch, wenn wir am „Kaspar“ angelangt sind, denn sonst fahrt Ihr mich womöglich hinüber nach dem Festlande.“

„Nein, nein! Auf Ehre nicht! Beim heiligen Franziskus! Wir fahren Dich nur zum Schiff.“

„Nun gut denn, ich werde einsteigen. Aber bei der geringsten Bewegung, die mir verdächtig erscheint, erteile ich Euch aus meinem Revolver Vorschuß. Merk' Dir das!“

Dabei kletterten wir in das Boot und auch die Maultiere wurden hineingeleitet. Fort ging es nun nach dem Settlement, dessen Höhe wir in einer halben Stunde erreichten, ohne daß währenddessen ein einziges Wort gesprochen wurde. Dort angelangt, übergab ich des Maschinisten Uhr. Die Mönche trieben nunmehr wirklich an das Dampfschiff heran, wo die Tonne heruntergelassen ward, um mich aufzunehmen. Beim Abschied erklärte ich noch, daß ich den Austausch einem Unparteiischen übergeben würde, und zwar einem der Schiffsbeamten. Oben am sicheren Bord angelangt, zog ich sofort Kapitän Mendelssohn und den Maschinisten ins Vertrauen und erklärte ihnen, Seeräubern in Mönchskleidern in die Hände gefallen zu sein. In wenigen Augenblicken war der Plan zu gemeinsamer Aktion besprochen und der Maschinist, mit Revolvern bewaffnet, stieg in die Tonne.

Gleichzeitig war, von den Mönchen nicht beachtet, der Amerikaner, welchem jetzt die Maultiere gehörten, vom Lande mit dem Floß abgestoßen und näherte sich dem Segler.

Ich rief nun hinunter: „Achtung, jetzt kommt der Maschinist, dem Ihr die Uhr gegen 25 Dollars bares Geld aushändigt. Hier seht Ihr, lege ich dies Geld in seine Hände". Der Maschinist wurde hinuntergelassen, blieb aber in der Tonne. Mit der einen Hand nahm er seine Uhr und mit der anderen geballten Faust gab er dem Pfaffen einen Schlag an die Backe, daß er sogleich rücklings ins Wasser stürzte. Im gleichen Moment tutete der Kapitän kurz sechsmal mit der Dampfpfeife: „Seeräuber", als auch der Amerikaner mit einigen handfesten Kerlen auf seinem Floß anlangte, seine Quittung vorzeigte und vor den Augen der verblüfften Gauner, von denen der eine mit Mühe wieder ins Boot sich gerettet hatte, die zwei Maultiere auf sein Floß befördern ließ.

Eine Flut von Verwünschungen, unter die sich allgemeiner Hohn vom Lande wie vom Schiffe aus mischte, während letzteres sich wieder langsam in Bewegung setzte, bildete den Abschluß dieser aufregenden wie drolligen Szene, die lebhaft an den Ausspruch des großen Wilhelm Busch erinnerte:

„Dieses schmerzliche Ereignis
Tut mir in der Seele leid,
Ach, man will auch hier schon wieder
Nicht so wie die Geistlichkeit."

Der Höhepunkt des Spektakels war aber erst erreicht, als die Dampfpfeife einsetzte, die mit ihrem markerschütternden Tuten alles Fluchen der frommen Brüder übertönte. Man sah nur noch geballte Fäuste und wütende Grimassen, die allmählich immer mehr zurückblieben. Doch das Tuten war ohne Ende, es wurde immer markdurchdringender.

— — — — — — — — Es war, als wenn es mich von dem noch immer wie Blei auf mir lastenden Zustande befreien sollte.

Da fühlte ich meinen Arm heftig gepackt und geschüttelt und jemand ruft mit gellender Wirklichkeit: „Wollen Sie denn gar nicht aufwachen? Wir sind ja längst in San Diego!" Wahrhaftig, ich hatte während der ganzen Seefahrt von beinahe 40 Stunden wie ein Bär geschlafen. Der allzu übermüdete Körper hatte sich gründlich ausgeruht, während der durch die Reihe von Ereignissen angestrengte Geist keine rechte Erholung erlangen konnte und mich durch böse Träume, die eine Fortsetzung des Wirklichen waren, quälte. Doch jetzt waren wir in San Diego, waren wir wieder in Sicherheit, einen Katzensprung weit von Los Angelos. — — — So endigte im Jahre 1891 meine Sommerreise.

Ende.

Zeitfracht Medien GmbH
Ferdinand-Jühlke-Straße 7
99095 Erfurt, Deutschland
produktsicherheit@kolibri360.de